평범하게 행복할 용기

지은이	이계윤
초판발행	2022년 9월 15일
초판2쇄	2022년 10월 27일

펴낸이	배용하
책임편집	윤찬란
등록	제2021-000004호
펴낸곳	도서출판 비공
	페이스북:평화책마을비공
등록한곳	충남 논산시 매죽헌로 1176번길 8-54
편집부	전화 041-742-1424 전송 0303-0959-1424

분류	장애	상담	가정
ISBN	979-11-976109-2-9 03330

값 12,000원

평범하게 행복할 용기

장애 아이를 둔 부부들의 리얼 상담기

이 계 윤 지음

차례

10 · 추천의 글

13 · 프롤로그

** 이해

18 · 장애는 수만 가지 위기 중 하나일 뿐

25 · '못하는' 것이 아니라 '다르게 하는' 것

32 · 삶의 가치를 만들어 주는 특별한 존재

39 · 빨리 인정하고 재활 치료 시작하기

48 · 문제행동이 아닌 욕구의 다른 표현

56 · 작은 가능성에서 시작하는 큰 변화

† 중심

66 · 가정의 중심 잡기

73 · 어머니의 삶을 자기답게

81 · 함께 성장할 것

89 · 장애가 없는 자녀에게 더 많은 관심을

98 · 자녀의 권리 존중은 가정에서부터

106 · 20년 미래 준비하기

115 · 부모의 자긍심

120 · 전하고 싶은 말

≡ 연결

128 · 가족의 응집력을 높게

136 · 남편이 아내를 지원할 때

145 · 아버지를 존중하기

153 · 서로 신뢰하기

162 · 편견 없이 듣고, 진심을 말하는 의사소통

170 · 감정을 읽고 마음을 연결한다면

178 · 부모가 보여주는 행복의 길

#엮음

186 · 이웃과 손에 손잡고

194 · 행복을 엮는 친구 사이

203 · 나만의 자녀가 아니라 우리의 자녀로

211 · 잘 쉬는 지혜

219 · 모두가 즐거운 명절을 위해

228 · 규칙과 융통성의 밸런스 게임

236 · 함께 사는 선택

245 · 모두를 살리는 사랑의 표현

장애인 가족에게 행복 내비게이션을 선물한 책

권영화(전국장애 아동보육제공기관협의회 회장)

"육아 휴직 동안 온종일 아이들과 함께 보내는 기간이 길어지면서 아이들에게는 엄마만 있으면 괜찮은 것이 아니라 엄마와는 분명히 다른 아빠가 꼭 필요하며, 그 역할은 엄마가 대신할 수 없다는 지극히 당연한 사실도 알게 되었습니다."

장애가 있는 자녀 양육을 위해 육아 휴직을 했던 어느 아빠가 하신 말입니다. 어느 가정이나 엄마의 역할은 참으로 중요하고 없어서는 안 될 존재인 것만은 틀림없습니다. 아이들이 울 때 아빠보다는 '엄마'를 부르는 이유도 아빠보다는 엄마와 보내는 시간이 더 길기도 하고, 관계 형성이 더 잘 되어 있기 때문이라고 생각합니다.

평소 저는 모든 가정사가 부부간 협력으로 해결되듯이 자녀의 양육 문제 또한 부모와 가족의 협력으로 해결되어야 한다고 생각하고 있습니다.

금번에 발간된 『평범하게 행복할 용기』는 저자가 30년간 장애인과 장애아 보육 현장에서 장애인 가족들을 직접 상담하고 그들을 지원하며 경험했던 다양한 사례들을 정리한 책입니다. 이 책은 행복해지고 싶은 장애인 가족들에게는 단비와 같은 책입니다.

특히 저자가 장애인 가족의 삶에 관한 문제를 제삼자가 아닌 당사자의 관점에서 이해하고 접근하려는 노력을 오랫동안 기울여왔다는 점에서 이 책은 장애인 가족들에게 행복의 길을 안내하는 내비게이션이 될 수 있다고 생각합니다.

이 귀한 책을 장애인 가족은 물론 장애인 가족과 함께 하는 분들 모두가 숙독해야 할 책으로 적극적으로 추천합니다.

따뜻한 길잡이

박현옥(백석대학교 유아특수교육과 교수)

지난 30여 년간 장애인과 장애 영유아 보육 현장에서 장애인과 가족과 함께해온 이계윤 회장님의 귀한 경험이 한 권의 책으로 발행되었습니다.

이 책은 총 28절에 이르는 방대하고 실제적인 내용을 담고 있어 자녀와 함께 그 길을 가는 가족에게 따뜻한 길잡이가 될 것으로 기대합니다.

모든 부모에게 자녀는 세상에서 가장 귀한 선물이며, 부모로 살아가는 모든 순간은 축복입니다. 그러나 이 모든 순간이 축복임을 알아차리기까지 부모도 자녀와 함께 성장하는 시간이 필요합니다.

그 성장의 길에 이 책이 함께 할 수 있을 것으로 생각하며 추천합니다.

장애인 가족은 반드시 불행할까요? 장애인 자녀가 있다는 사실이 그 가족을 불행으로 이끄는 결과를 만들어낼까요?

최근 한 어머니가 중증 장애 자녀를 살해하는 등 지난 3년간 발달 장애인 가정에서 학대와 사망사고가 이어서 발생하고 있습니다. 왜 이러한 일들이 계속해서 일어날까요?

저는 약 30년간 장애인을 양육하는 부모님을 만나고, 다양한 형태의 상담과 지원을 해왔습니다. 그 결과 2003년 장애 영유아의 무상 보육 시행이 이루어져서 집 안에서 갇혀있는 장애 영유아가 사회적 지원 체계에서 서비스를 받을 수 있는 변화가 이루어졌습니다. 아울러 장애아동복지지원법 제정을 위해서 다양한 단체와 노력한 끝에 2012년 법이 제정되었습니다. 이후에는 발달장애인의 권리 보장 및 지원에 관한 법률도 제정되었습니다.

이와 같은 노력은 장애인 가족이 행복할 수 있도록 지원하기 위한 최소한의 제도적 장치로 열매를 맺었습니다. 그러나 일반 가족들이 누리는 최소한의 행복에 장애인 가족들이 이르는 것은 여전히 쉽지 않아 보입니다.

'장애인 가족은 행복이란 단어와 거리가 멀어야 할까? 행복한 삶은 파랑새를 쫓아가듯이 막연한 내일에만 만날 수 있을까?'

늘 이런 고민을 했습니다. 그러던 중 2013년에 KBS 3라디오 「내일은 푸른 하늘」에서 장애인 가족 관련 방송을 의뢰받았습니다. 그렇게 약 7개월 동안 매주 방송을 하였습니다. 이 글은 10년 전에 방송했던 원고를 수정하고 교정해서 엮어낸 것이며, 등장하는 모든 이름은 가명입니다.

장애인 가족이 결코 더는 불행해서는 안 됩니다. 먼저 장애에 대한 관점이 바뀌어야 합니다. 개인과 사회 모두 장애를 바라보는 시각이 바뀌어야 합니다. 우리의 연약한 자녀에게 "장애"라는 수식어가 병행되는 한, 사회적 책임이 동반되어야 합니다. 부모를 넘어 사회가 함께 장애 자녀를 양육해야 합니다. 이를 위해서는 부모도 나의 자녀를 적극적으로 사회체계에 내놓을 수 있어야 합니다. 사회는 장애 자녀가 사회로 나올 수 있도록 다양한 정책을 내놓고, 사회가 양육하는 체계를 만들어야 합니다. 비장애 자녀뿐 아니라 장애 자녀도 사회가 감당해야 합니다.

나아가 장애 자녀를 양육할 때 그 무게의 중심이 어머니 혹은 아버지에게 기울어져 있다면, 균형을 유지하는 방향으로 변화되어야 합니다. 가정 안에서 부부가 함께 장애 자녀를 양육하여야 합니다. 동시에 사회는 부모에게 쉼을 허락해야 합니다.

저는 이 책을 통해서 장애 자녀를 둔 가족이 행복으로 나아가길 원합니다. 장애 자녀가 불행의 씨앗이 아니라 행복에 이르는 통로가 된다는 것을 읽어가기를 바랍니다. 모든 것을 해결할 수는 없지만 한 가지라도 공감하면서 해결의 실마리를 찾을 수 있다면, 30년간의 경험은 의미 있는 결실이 될 것입니다.

이 책을 출판하는 데 기꺼이 추천사를 보내주신 전국장애 아동보육제공기관협의회 권영화 회장님과 백석대학교 유아특수교육학교 박현옥 교수님께 감사를 드립니다. 장애 자녀를 양육하면서 끝이 보이지 않는 사랑의 전쟁 가운데서 하루하루 의미 있는 삶을 살아내는 부모님께 존경과 격려를 드립니다. 아울러 비공 배용하 대표님께 감사드립니다. 오늘의 나를 이끌어 주신 하늘에 계신 박영철 목사님이 기억납니다. 마지막으로 30년 이상 나의 오른쪽을 꿋꿋이 지켜준 아내 이숙재와 두 딸 보라와 예은, 새로운 식구가 된 남권이에게 이 책을 드립니다. 하나님께 영광과 감사를 드립니다.

2022년 6월 20일 영종도에서 이계윤

1부

이
해

**

조금 다르고 가장 특별한 너를
있는 그대로 받아들이고 이해한다면.

장애는 수만 가지 위기 중 하나일 뿐

두 아버지 이야기

데이비드 니벤David Niven은 2006년에 펴낸 『행복한 가족의 100가지 비밀』에서 다음의 말과 함께 첫 번째 비결을 소개합니다. "당신의 생은 의미가 있고, 목적이 있습니다." 이 땅에 태어난 사람, 이 땅에서 살아가고 있는 사람은 누구나 의미가 있고 목적이 있는데, 그것은 바로 행복하게 살아가야 한다는 것입니다. 이 행복한 삶에 대한 두 개의 사례를 제시하려고 합니다. 모두 장애 자녀를 둔 아버지의 이야기입니다.

한 분은 자폐 자녀를 둔 아버지입니다. 이분은 내 자녀가 장애를 가졌다는 사실이 가장 비극적이고, 우울한 사건이라고 말했습니다. 결국엔 아내와 이혼하고, 혼자 자녀를 양육했습니다. 그런데 종종 아이 없이 혼자 다니는 모습을 보게 되었습니다.

"아이는 누가 돌봅니까?"

"집에 과자를 사놓고, 문을 잠그고 나왔습니다. … 그 애가 태어나면서 내 인생은 무의미해졌습니다. 망가졌어요."

다른 한 분은 프레더-윌리 증후군Prader-Willi Syndrome:PWS이라는 염색체 이상 자녀를 둔 아버지입니다. 이분 역시도 아들이 장애를 겪는다는 사실을 알았을 때, 모든 희망이 사라졌다고 했습니다. 자신의 소박한 꿈이 실종되었다는 것입니다. 아들을 낳으면 함께 목욕탕에 가고, 배드민턴도 치고 싶었습니다. 이 작은 꿈들은 산산 조각났습니다. 하지만 이렇게 말씀합니다.

"이 아들 때문에 살아갑니다. 출근할 때 아들이 보여준 작은 미소, 쉬워 보여서 소홀할 수도 있는 작은 감사의 조건들을 아들 덕분에 발견할 수 있어서 우리 가정은 행복합니다."

두 분 모두 장애 자녀를 양육하고 있습니다. 장애 자녀가 태어난 것은 예기치 못한 사건이고, 어쩌면 가정의 행복을 파괴할 수도 있는 위기 사건이었습니다. 하지만 한 가정은 그래서 불행한 가정을 이루었다고 하고, 다른 가정은 행복하게 되었다고 말합니다. 어쩌면 두 분 각자 그렇게 인정할 수밖에 없는 상황이 있을 수도 있습니다. 그러나 중요한 사실을 발견할 수 있는데, 그것은 장애 자녀를 양육하는 가정이 모두 불행한 것은 아니라는 것입니다. 장애 자녀의 출생이 반드시 한 가정을 불행하게 만드는 것은 아닙니다. 불행한 사건은 여러 가지가 있습니다. 이혼, 배우자 사별, 질병, 가난, 관계의 단절, 의사소통의 어려움 등 말입니다. 이 중에 장애는 한 가지일 뿐이라는 것입니다.

의미를 찾는 질문으로 나아가기

위기는 또 하나의 기회란 말이 있지요? 거꾸로 보면, 장애 자녀가 있는 가정에는 그렇지 않은 가정이 경험할 수 없는 또 다른 기회가 있습니다. 비장애 자녀를 양육하면 지극히 당연하게 보이는 일들이 있지요. 아이가 뛰어다니는 일, 종알종알하는 일, 자녀가 웃는 일, '엄마!' 하고 소리치며 달려오는 일, 공부를 잘하거나 쑥쑥 키가 자라나는 일들은 당연한 일이지, 감사하거나 고마운 일이 아닙니다.

그러나 장애 자녀를 양육하는 아버지에게는 아들이 짓는 미소 그 자체가 감사의 조건입니다. 자녀가 한 발 한 발 걷는 것이 기적과 같은 일이 되고요, "엄마"라고 부르는 것은 장애 이상으로 예상 못 한 사건입니다. 아들이 엄마라고 부르는 말을 영영 들을 수 없을 줄 알았습니다. 그런데 내 귀에 들려오는 "엄---마!" 소리는 다른 세상에 살고 있는가를 의심하게 할 만큼 기적 같은 일입니다.

심리학자 빅터 프랭클Viktor Frankl은 『죽음의 수용소』라는 책에서 인간이 불행한 것은 불행하게 만드는 사건 때문이 아니라 사건이 주는 의미를 알지 못하기 때문이며, 의미를 깨닫게 되면 도리어 더 행복할 수 있다고 하였습니다. 데이비드 니벤이나 빅터 프랭클은 같은 이야기를 하고 있지요.

하필이면 왜 우리 가정에 장애 자녀가 태어났을까를 질문하는 것이 아니라 '우리 가정에 장애 자녀가 태어난 이유가 무엇일까?'로 질문을 바꾸면, 그것은 장애 자녀가 있는 가정을 행복으로 이끌어 줄 귀한 질문이 될 것입니다.

고민 없는 행복한 가정?

장애 자녀가 태어나면, 사람들은 행복할 수 없으리라고 생각합니다. 장애 자녀를 양육할 때 기쁨보다 염려가 더 클 것이라고 예상하기 때문이지요. 이것을 양육부담감이라고 합니다. 자녀를 양육하면서 갖게 되는 어려움, 짐이 되는 부분들이지요. 왜 걱정이 될까요?

장애와 장애 자녀에 대해서 한 번도 생각해 본 적이 없기 때문입니다. 그래서 장애 자녀를 어떻게 대하고 길러야 하는지 모른다고 생각하지요. 엄밀히 말하면 우리 사회가 가지고 있는 장애에 대한 편견과 부정적인 생각이 우리 부모들에게도 자리 잡은 것입니다.

미래에 대한 불확실성도 그 이유입니다. 처음에는 단순히 병이라고 생각해서 치료하려고 했지만, 치료는 되지 않고 아이가 장애라는 생각이 확고해지면서 염려가 생깁니다. 가족 중 누군가, 아니 가족 모두가 장애 자녀에게 매달릴 수밖에 없다면, 우리 가족이 꿈꿔왔던 아름다운 미래는 송두리째 사라진 것만 같기 때문입니다. 여행을 갈 수도 없을 것이고, 친구나 친척들과의 관계도 소원해질 것이라고 확신합니다. 자녀의 미래, 우리 가족의 미래가 어떻게 될 것인지 확실한 미래가 보이지 않는다고 생각하게 됩니다.

장애 자녀를 양육할 때 감당해야 하는 경제적 비용과 주변의 시선도 부담스럽습니다. 장애 자녀에게 들어가야 할 비용이 얼마가 될지 알 수 없고 막연히 많이 들 것이라 생각이 들지요. 그리고 주변 사람들이 장애인 가족을 어떤 태도로 대할지도 가늠할 수 없습니다.

마지막으로 남편과 아내가 사랑해서 이룩한 행복한 가정을 더는 상상할 수 없다고 결론을 내리기 때문입니다. 예쁜 아이를 낳고 키우면서 상상할 수 있는 핑크빛 미래, 아이를 통해서 끊임없이 솟아나리라 기대했던 기쁨이 이제는 남의 일이 되어 버렸다는 것입니다.

그렇다면, 반대로 장애 자녀가 없는 가정은 고민이 전혀 없고 행복이 보장된 가정인가요? 사실 앞에서 장애 자녀를 둔 가족이 염려하는 부분은 장애 자녀가 없는 가족들에게도 비슷합니다. 장애 자녀를 어떻게 길러야 할지 모르는 것처럼, 비장애 자녀를 어떻게 길러야 할지 몰라서 어린이집을 찾거나 당황하는 것은 마찬가지입니다. 자녀 때문에 여행도 가보지 못한다고 하는데, 다른 가정들도 사업의 바쁜 일정 혹은 자녀 양육비 등 여러 이유로 여행가는 일이 그렇게 쉬운 것만은 아닙니다.

"사실 장애가 있는 내 아들의 미래만 불확실한 것은 아니에요. 둘러보면 비장애 자녀의 앞날도 그다지 밝지 않아 보여요. 요사이 외국에서 유학을 갔다 오고, 박사학위를 받아도 미래가 불확실하다고 말하는 것을 들었어요. 자리를 잡지 못하고 불안해하는 사람들을 너무 많이 보고 있어요."

그렇습니다. 결국, 장애 자녀 가족만 염려하는 것은 아닙니다.

장애는 행복을 빼앗지 못합니다.

인생은 힘든 과정입니다. 오히려 장애 자녀 때문에 열심히 살아가는 행복한 가정이 주변에 참 많습니다. 분명히 말씀드리면, 장애 자녀를 양육하면서 살아가는 것은 불행한 과정이 아니라 힘든 과정입니다. 불행한 것과 힘든 것은 다릅니다.

저 자신도 장애를 겪으면서 힘들게 살아왔습니다. 다른 친구들이 자신의 능력에 따라 미래를 선택할 때, 저는 그렇지 못했습니다. 다른 친구들이 자기가 좋아하는 취미생활을, 자기가 좋아하는 일을 마음껏 하려고 했을 때, 저는 그렇지 못했습니다.

다른 친구들이 직장에 들어갈 때 '나는 선택받을 수 있을까?' 라는 불안한 마음이 항상 있었고, 지금도 마찬가지입니다. 그러나 나의 장애 덕분에 다른 장애인의 처지를 이해하고, 장애인의 권리를 주장하는 일에 앞장설 수 있었습니다. 좋아하는 일보다 의미가 있는 일을 더 많이 할 수 있었고, 똑같은 말을 해도 일반인보다 제가 하는 말에 귀를 기울이는 사람들이 더 많았습니다. 아직도 기억에 생생하게 남는 것이 있습니다. 「장애 아동복지지원법 2012년 제정」 통과를 위해서 서울역에서 개량 한복을 입고 전동 휠체어에 앉아서 사람들에게 호소한 적이 있었습니다. 이때 서울역을 오고 가는 많은 사람이 걸음을 멈추고 제 이야기를 들었던 적이 있습니다. 제가 장애를 겪고 있기에 누릴 수 있었던 혜택이었습니다.

장애는 불편하고 힘든 삶을 살아가게 합니다. 그러나 다른 사람들도 종류는 다르지만 불편하고 힘든 삶을 살아갑니다. 사람의 인생이 그러합니다. 장애인, 장애 자녀를 둔 가정만 그런 것이 아닙니다. 오히려 장애를 통해 더 나은 기회를 얻고, 남들이 발견하지 못하는 의미를 깨닫고, 행복한 삶을 위하여 땀을 흘리며 살아가는 사람들이 많이 있습니다. 특히 장애 자녀의 권리를 보장하기 위해서 큰 노력을 기울이는 부모들에게서 보람 있는 미소를 발견합니다. 장애는 행복을 위협하는 위기일 수 있지만, 행복을 빼앗아가지는 못합니다. 오히려 독특하고 특별한 행복을 누리게 하는 또 하나의 기회입니다.

체크아웃

*마음에 자주 떠오르는 질문이 있나요?

*그 질문을 어떻게 바꾸면 의미를 발견할 수 있을까요?

'못하는' 것이 아니라 '다르게 하는' 것

장애 자녀를 양육하는 가정이 빠지기 쉬운 함정 중의 하나는 '우리 아이는 할 줄 아는 것이 하나도 없어요!' 라고 말하는 것입니다. 할 줄 아는 것이 하나도 없다는 그 말 속에 이미 깊은 절망이 배어있습니다. 절망이 자리 잡은 가정은 행복할 수 없습니다. 아무리 재력 있는 가정도 장애 자녀를 보고 절망하기 시작하면, 그 재력도 행복한 가정을 만드는 일에 도움이 되지 않습니다. 그런데 과연 장애 자녀는 실제로 할 줄 아는 것이 아무것도 없을까요?

자녀가 스스로 할 기회 주기

저는 약 20년간 장애 영유아를 돌보는 일을 해왔습니다. 2~3세 된 장애 영유아를 데리고 오는 어머니들 대부분이 똑같이 말합니다.

"우리 아이는 할 줄 아는 것이 하나도 없습니다."

이 이야기를 들으면서 저는 생각합니다.

'어머니들은 2~3세 어린아이가 무엇을 하기를 원할까?'

아무것도 할 줄 아는 것이 없다고 생각하는 어머니들은 우선 등에 아이를 업고 옵니다. 신발을 손수 벗기고, 안아서 제 사무실로 데리고 옵니다. 저는 어머니들에게 다른 이야기를 하지 않습니다.

그러나 3주가 지나면 어머니들은 똑같이 이런 이야기를 합니다.

"우리 아이가 어떻게 이렇게 할 수 있습니까?"

'할 줄 아는 것이 없다' 라는 말이 '어떻게 이렇게 할 수 있나요?' 로 바뀝니다. 매우 큰 반전입니다. 어머니들의 말이 왜 바뀌었냐고요? 아이들이 자기 힘으로 신발을 벗고, 글자도 모르면서 자기 이름이 써진 신발장에 신발을 올려놓기 때문입니다.

3주 동안 우리 아이들을 '할 수 있는 것이 전혀 없는 존재' 에서 '할 줄 아는 것이 있는 존재' 로 변화시키는 놀라운 능력이 저에게, 저와 함께 일하는 교사들에게 있었을까요? 물론 아닙니다. 저도, 교사들도 고개를 젓습니다. 그러한 능력이 우리에게 없었다고. 그러면 무엇이 아이들을 변화시켰을까요? 저와 교사들이 모두 동의하는 것이 있습니다. 우리는 단지 기다렸을 뿐이고, 그러한 능력은 만들어낸 것이 아니라 아이에게 본래 있었노라고. 이것뿐입니다.

그동안은 할 수 없다고 생각했기 때문에 부모님이 다 도와주었습니다. 그래서 아이는 스스로 할 기회가 없었습니다. 그러나 아이가 스스로 할 수 있도록 기다렸더니, 아이는 자신이 할 기회를 얻게 되었을 뿐입니다. 어느 위대한 선생님도 없는 능력을 만들어낼 수는 없습니다. 그러나 위대한 선생님이 할 수 있는 것이 있습니다. 가지고 있는 능력을 발휘하도록 돕는 일입니다. 그러면 우리 아이들은 작지만, 상상 이상으로 놀랍게 자신의 능력을 발휘하게 됩니다.

다르게 하는 능력

우리는 장애에 대하여 그동안 부정적이고 소극적인 차원에서 바라보았습니다. 흔히 결핍이나 능력이 없음의 관점에서 보았습니다. 그러나 "과연 이러한 관점이 옳습니까?"라고 반문하게 됩니다. 거꾸로 물어보겠습니다. 이 글을 읽는 독자 중에 결함 없이 능력이 완전한 사람이 있습니까? 수영을 잘하는 사람은 야구를 못 할 수 있습니다. 축구를 잘하는 사람은 스케이트를 잘 타지 못합니다. 그렇습니다. 그러나 우리는 이것을 결핍이나 결함이라고 하지 않고, '다르다'라고 합니다.

영어에서는 정신적 장애에 대해 disorder라고 표현합니다. 능력에 대해서는 disability라고 합니다. 여기에서 'dis-'라는 접두어가 갖는 의미가 중요합니다. 이는 '없다'라는 뜻이 아니라 '빼앗겼다, 못하게 하다'라는 뜻입니다. 능력이 있는데, 누군가에 의하여 못하게 되었다는 뜻입니다. 다시 말하면, disability는 능력이 없는 것이 아니라 '누군가에 의하여 능력을 인정받지 못한 것'을 말합니다. 즉 할 수 있는 능력이 다른 것이지 못하는 것이 아니라는 것입니다.

모든 사람이 똑같이 할 수는 없습니다. 모두가 똑같이 해야 한다는 관점에서는 장애 자녀에게 능력이 없습니다. 그러나 모든 사람이 다르게 하듯이, 장애 자녀도 다르게 할 수 있습니다. 수직적인 관점이 아니라 수평적인 관점에서 보면 다르게 한다는 것입니다.

비장애 자녀들도 마찬가지입니다. 모두 우리 자녀가 1등을 하기

바란다면, 1등이 아닌 나머지는 '못하는 아이'가 되겠지요. 그러나 수평적인 관점에서 보면 달리기를 잘하는 아이, 노래를 잘하는 아이, 국어를 잘하는 아이는 될 수 있습니다. 한국에서는 영재반을 성적으로 구분하여 다 잘하는 아이와 다 잘하지 못하는 아이로 구분한다면, 이스라엘에서는 모든 아이가 영재반으로 편성된다고 합니다. 춤을 잘 추는 아이, 악기를 잘 다루는 아이, 글씨를 잘 쓰는 아이, 책을 잘 읽는 아이 등으로 말입니다.

이제 우리는 생각해 볼 수 있습니다. 다르게 할 수 있는 우리 아이를 누가 '못 하는 아이'로 만들었을까요? 장애 자녀의 문제가 아니라, 그렇게 바라보는 사람들이 우리 아이를 못 하는 아이로 만든 것은 아닐까요? 우리 아이가 다르게 할 수 있다면, 절망이 아니라 희망이 생기겠지요? 절망이 가득한 집은 불행이 찾아오지만, 희망이 있는 집은 행복이 찾아올 것입니다.

이상한 아버지 이야기

도날드 마이어Donald J. Meyer가 1995년에 편집한 『이상한 아버지들』*Uncommon Fathers: Reflections on Raising a Child with a Disability*이란 책에 등장하는 한 아버지를 소개하려고 합니다. 그의 이름은 밥 데일입니다. 그에게는 제시카라는 딸이 있습니다. 제시카는 척수뇌막염이라는 병을 앓고 있으면서 청각장애, 시각장애, 전신 마비의 몸을 가지고 태어났습니다. 먹는 것, 물을 마시는 것, 약을 먹고 옷을 입는 것 등 모든 일에 도움이 필요했습니다. 이런 일을 매일 매일 반복해야 했습니다. 제시카가 네 살이 되었을 때 아버지는 이러한 질문을 하면서 하루하루를 살았습니다.

'왜 나에게? 왜 하나님은 나에게 응답하지 않습니까?'

딸 제시카가 웃고 있는 것조차 괴로웠고, 고통스러웠습니다.

그런데 어느 날 제시카를 품에 안고 있을 때였습니다. 아무 말 없이 품에 안긴 제시카의 눈에서 놀라운 것을 발견했습니다. 제시카의 맑고, 청명한 눈동자에 비친 자신의 눈은 우울하고 침울하고 용기를 잃은 혼탁한 눈이었습니다. 그 눈을 통해 자신을 적나라하게 알게 되었습니다. 또한, '진실한 사랑'이 무엇인지 알게 되었습니다. 모든 사람은 사랑을 하지요. 내가 키스를 하면, 그 보답으로 키스를 받기 원합니다. 그러나 제시카는 어떤 것도 보상을 바라지 않았습니다. 그저 제시카를 사랑할 수 있다는 것, 그 자체가 보상이었습니다. 밥은 제시카가 아니었으면 진실한 사랑, 참된 삶에 대하여 모르고 살았을 것이라고 고백했습니다.

밥은 제시카를 향해서 이렇게 말합니다.

"제시카! 네가 나의 스승이구나. 인생에서 네가 나의 선생이구나!"

그렇습니다. 제시카의 아버지 밥은 여느 아버지와 다른 이상한 아버지, 평범하지 않은 아버지입니다. 장애를 겪은 우리 아이들은 오히려 우리에게 많은 것을 가르쳐주는 인생의 안내자가 되지 않을까요?

런던에서 지적 장애인과 발달장애인을 지원하는 센터에 방문한 적이 있습니다. 그런데 장애인이 당당하게 그 센터를 소개하는 것입니다. 부러웠습니다. 우리나라에서도 최근에 이런 일들이 많이 나타나고 있습니다.

지적 · 발달장애인의 예술제가 개최되어서 일반인 이상의 재능을 발휘하고 있습니다. 영종예술단은 지적 · 발달장애인이 중심이 된 단체입니다. 일 년에 한 번 한국장애인복지시설협회와 지적 장애인복지협회에서는 지적장애인과 발달장애인들이 나와서 권리 주장 대회를 진행하고, 나아가 토론도 열심히 합니다. 2012년 3월 25일에는 "발달장애인, 우리가 말한다!"에 발달장애인들이 직접 자신의 권리를 당당하게 주장하는 행사가 개최되어 많은 호평을 받은 적이 있습니다. 얼마 전에는 지적 · 발달장애인들이 중심이 되어 회사도 차리고, 중앙장애 아동지원센터에서 발달장애인이 채용되어 열심히 자기 역할을 다하고 있습니다. 이분들은 일반인보다 능력이 적은 것이 아니라 다른 능력으로 최선을 다하는 것입니다. 못하는 것이 아니라 남다르게 하는 것입니다.

장애 자녀가 있는 가정의 행복은 무엇일까요? 종종 한 생명이 이 땅에 태어나면 효도는 3세 이전에 다 한다고 합니다. 어린아이가 옹알이하고, 뒤뚱뒤뚱 걸음마를 배우고, 재롱을 피우는 영아기에 모든 효도는 다 이루어집니다. 그 아이가 대단한 일을 해서 효도라는 것이 아니라, 가정에 웃음꽃을 피우기 때문입니다. 그러다가 네 살, 일곱 살, 열다섯 살이 되면 부모와 자녀와의 격렬한 한판 대결이 이루어지죠. 품 안의 자식인 줄 알았는데, 품 밖으로 나가려는 자녀가 되기 때문입니다. '자녀'가 아닌 '자기 자신'이 되려고 하는 것이지요.

장애 자녀도 그러합니다. 일견 대단한 일을 해서 이쁘고 행복한 것이 아니라 장애 자녀가 하루하루 보여주는 작은 감동이 우리 가정에 웃음꽃을 피우기 때문에 행복한 가정이 되는 것입니다. 그러면서 못할 줄 알았는데, 안될 줄 알았는데, 우리 아이가 소위 '고집'을 피우면서 '자기 자신을 완성해가는 존재'로서 성장해나가는 것을 보면서 우리는 안타까움이 아니라 행복을 만끽할 수 있어야 합니다. 아마 일반 자녀가 가져다주는 행복의 길이보다 장애 자녀가 가정에 주는 행복의 선물이 더 길 것입니다. 장애 자녀가 우리 가정에 있는 것이 불행이 아니라 더 큰 행복이 될 수 있다는 사실을 함께 나누었으면 좋겠습니다.

체크아웃

*내가 다른 사람들과 다르게 하는 것은 무엇이 있나요?
*우리 아이는 무엇을 다르게 하나요?

삶의 가치를 만들어 주는 특별한 존재

세상에서 가장 가치 있는 것이 무엇일까요? 알고 보면 가치 없는 것은 아무것도 없습니다. 종종 우리는 직업으로 말하면 의사, 변호사, 공인회계사 등 직업 끝 글자에 '사士, 師'가 붙으면 더 가치 있다고 합니다. 그러나 우리 일상생활을 돌아보면 동네의 쓰레기나 음식물 폐기물을 정리해주시는 환경미화원, 편지나 우편물을 배달해 주시는 우체부 분들이 더 가치 있는 분입니다. 이분들이 일주일만 우리 곁에 계시지 않으면 우리 동네는 아마 상상할 수 없는 난장판이 될 것입니다. 가장 가치 있는 분들은 우리와 가장 가까이 있지요. 저는 이분들을 특별한 존재라고 부르고 싶습니다.

제 주변에는 장애 자녀를 정말 특별한 존재로 인정하고 사는 분들이 계십니다. 이분들의 얼굴에서는 불행, 불편, 불길함을 찾을 수 없습니다. 물론 이분들의 마음과 삶에는 일반 사람들과 같이 희로애락이 있지요. 그렇지만 아주 특별한 마음으로 장애 자녀를 양육하는 분들이 계십니다. 그분들을 소개합니다.

지구상에 하나밖에 없는 특별한 아이

20여 년 전에 만난 한 부부를 만났습니다. 남편은 소아과 의사이고, 아내는 약사입니다. 대학캠퍼스 커플로 만나 연애하면서 행복이 보장된 가정이 될 것이라고 부러움을 사는 한 쌍이었습니다. 대학 졸업 후 결혼했고 시간이 지나서 아내는 약국을, 남편은 소아과 개인병원을 개원했습니다. 행복한 것이 자연스럽고, 행복해야만 하는 부부였습니다. 그런데 제가 이분들을 만났던 때는 아들이 자폐아 판정을 받았던 시기였습니다. 하늘이 무너졌고, 무너진 하늘은 다시 보이지 않았습니다. 부부 모두 의학, 약학을 공부한 사람들이어서 장애에 대한 지식이 다른 사람보다 많았습니다. 지식만 많은 것이 아니라 자폐아가 성장하면 어떤 삶을 살게 될 것인지를 쉽게 그려볼 수 있었기 때문입니다.

그런데 두 분께 더욱 힘들었던 것은 이것입니다. 부모가 의사고 약사였는데, 아들이 세 돌이 지나서야 비로소 자폐아라는 사실을 알게 되었고, 그 정보를 다른 사람을 통해서 들었다는 점이었습니다. 부부가 서로 원망하기도 했지만, 결국에는 자신을 원망할 수밖에 없었습니다.

"내가 내 아이를 잘 모르면서, 누구를 치료하려고 했던가?"

심한 자괴감에 빠져있었습니다. 1년이 지난 어느 날, 부모교육을 하는 저를 만났습니다. 장애 자녀를 양육하는 부모의 아픔을 처절하게 겪고 있던 차에 깊은 자극이 되는 시간이 있었습니다. 자신의 아이에 대해서 잘 알지 못했고, 깊은 사랑을 나누지 못했다고 생각했던 부모가 생명을 새롭게 발견하는 계기가 되었습니다. 지구상에 하나밖에 없는 특별한 아이로 다가왔습니다.

인생이 바뀌었습니다. 다른 가정의 아픈 아이, 장애 아동은 그저 환자이거나 부모가 잘 돌보지 못한 결과라고 생각했던 과거에서 벗어나 전혀 다른 삶을 살게 되었습니다. 환자나 남의 집 아이가 아니라 '우리 아이와 같이 특별한 아이'로 보게 된 것입니다. 이후로 이 부부는 장애 자녀를 양육하는 가정을 특별히 돌보고 관심을 쏟는 부부가 되었습니다. 그들은 이렇게 말합니다.

"이 아이가 아니었다면 저는 저에게만 갇힌 인생을 살게 되었을 것입니다."

다른 사람의 아픔을 이해하고 돌보는 자로 살아가면서 그 계기를 만들어 준 자폐 자녀는 이 가정에 행복을 가져다준 매우 특별한 아이였습니다.

특별한 아버지와 특별한 아들들

다운 증후군 아들을 기르는 한 아버지가 있었습니다. 둘째 아들이 염색체 이상이라는 사실을 알았을 때, 아버지는 모든 것을 내려놓고 싶었습니다. 그렇지만 이내 둘째 아들도 내 아들이라고 생각하고, 큰 아들과 동등하게 양육했습니다. 그러다 특별한 생각을 하기 시작했습니다. 다운 증후군 아들이 내 아들이면, 다른 장애아이도 내 아이라고 생각하게 된 것입니다. 그래서 큰 결심을 했습니다. 다운 증후군 아들을 하나도 아니고 둘 입양했습니다. 자녀가 넷으로 늘어났습니다.

이 아버지는 다운 증후군 아들 하나를 양육한 경험을 기초로 하여 다른 아이의 아버지가 된 것입니다. 특별한 아이가 가정에 넷입니다. 이 아버지는 늘 말합니다.

"내 아들만 바라보고 살았을 때 보다 내 아들을 우리 아들 중의 하나로 보고, 입양한 아들과 함께 키우면서 행복이 배가 되었습니다."

더 중요한 것은 비장애 형제인 맏아들이 다운 증후군 세 명의 동생을 그 누구보다 아끼고 사랑한다는 사실입니다. 아버지는 이러한 맏아들에 대해서 또 자랑합니다.

"자기 자신만 알고, 혹 장애를 겪는 동생으로 인해 의기소침할 수 있는데, 오히려 더 당당하고 더 큰 사랑을 나눌 수 있는 성숙한 아들이 되었습니다."

아버지는 맏아들인 형에게 부담을 주지 않고, 입양하는 모든 과정에 대하여 논의하였다고 합니다. 인생의 동반자, 함께 의논하는 파트너로 큰아들을 인정해주었습니다. 모두 다운 증후군 아들이 가져온 큰 변화요, 행복이라고 합니다.

내 아이에게만 집중할 때는 보이지 않는 세계

사실 장애 자녀를 양육하는 일은 매우 어려운 일입니다. 이런 일을 한 번도 기대한 적도, 예상한 적도 없습니다. 장애 자녀를 양육하기 위한 준비가 된 것도 아니지요. 그래서 내 자녀에게 장애가 있다는 사실을 알았을 때 당황합니다. 장애 자녀만을 바라보고 집중하게 됩니다. 물론 자녀에게 집중하는 것은 비장애 자녀를 양육하는 가정도 마찬가지이지요. 하지만 장애 자녀가 있는 가정은 더욱 그런 경향이 있고, 때로는 장애 자녀 이외에는 아무것도 보이지 않게 됩니다.

그러나 어쩔 수 없고, 당연하다고 생각하는 일을 벗어나서 관조하기 시작할 때부터 행복은 찾아옵니다. 힘들고 답답하지만, 눈을 돌려 장애 자녀가 있는 다른 가정을 바라볼 때 생각이 달라집니다.

자폐가 있는 아이를 키우는 가정이 있습니다. 아이와 의사소통이 어렵습니다. 무엇을 생각하는지도 알 수 없어요. 그러나 뇌병변 장애 아이가 자신의 몸을 가누지 못하고, 말 한마디 할 때마다 땀을 흘려가면서 애를 쓰는 모습을 보면, 그래도 내 자녀는 좀 더 나은 형편에 있지 않은가 하고 생각할 수 있습니다.

이와는 반대로 뇌병변 장애 자녀를 양육하는 가정은 자폐 자녀를 키우는 가정을 보면서 이렇게 위로받을 수도 있습니다. 그래도 내 자녀는 "어…ㅁ…마!"하고 부르고, 의사소통이 되지 않는가 라고요. 다시 말해 '내 아이의 부족한 면을 보기보다 잘하는 부분을 발견하는 일'은 매우 소중합니다.

좀 더 멀리 나아가 나만, 우리 가정만 힘든 것이 아니라 함께 고통을 겪고 힘들어하는 가정을 발견하면서 아픔을 공유하고 공감하는 기회를 얻는 것도 매우 중요합니다. 눈을 돌려서 다른 가정을 바라보면, 내 아이에게만 집중할 때는 보이지 않던 세계가 보입니다. 이것이 중요합니다.

다른 장애 자녀와 가정으로 연결, 확장하기

장애 자녀를 양육했던 귀한 경험으로 다른 장애 자녀 양육 가정에 힘이 되어줄 때 얻는 행복은 매우 가치가 있습니다. 모든 사람은 자신의 이익을 최고의, 최우선의 가치로 삼습니다. 그러나 진정 의미 있는 삶, 가치 있는 삶은 이타적이고, 다른 사람을 위하는 가치관을 가지고 살 때 이루어집니다. 우리가 잘 알고 있는 마더 테레사, 안중근 의사, 유관순 열사 등의 삶이 고귀한 것은 자신이 아니라 다른 사람을 위해서 인생을 던졌기 때문입니다.

우리는 장애 자녀를 양육하는 데 있어 좋은 경험을 갖게 되었습니다. 시행착오를 해도 좋습니다. 눈물을 많이 흘리면서 양육했던 기억도 의미가 있습니다. '장애 자녀를 시설에 보낼까? 다른 사람의 집에 조용히 맡길까?' 했던 생각도 좋습니다. 그러한 시도나 기억이 좋든 나쁘든 간에 지금까지 장애 자녀를 양육해 왔습니다. 이러한 경험만큼 소중한 경험은 없습니다. 이는 신이 허락한 아주 귀한 자산입니다. 지체 장애를 겪으며 살아온 저에게 장애로 인한 고초와 어려움이 결코 헛된 것이 아니라 저만이 경험할 수 있는 그 무엇과도 바꿀 수 없는 인생의 자산이 된 것과 같습니다.

아직 장애 자녀에게 집착하여 벗어나지 못하는 부모에게 그 경험을 함께 나누는 것이 매우 중요합니다. 우리가 다가갈 때, 장애 자녀를 키우면서 답답해하던 부모들은 보석 같은 귀한 경험을 들으면서 용기를 얻게 될 것입니다. 장애 자녀가 힘들고 귀찮은 존재가 아니라 귀하고 아름다운 존재라는 것을 다시 발견하게 될 것입니다. 내가 장애 자녀를 양육했던 그 경험이 누구에겐가 도전이 되고 의미 있는 가치로 재생산된다면, 이것만큼 행복한 일이 어디 있겠습니까?

이렇게 씩씩하게 발걸음을 옮길 때, 장애 자녀는 인생을 가치 있게 만들어 준 특별한 존재가 될 것입니다. 우리 주변에는 내 자녀의 장애에만 머물지 않고, 다른 가정의 장애 자녀를 바라보면서 멘토가 되고, 힘이 되어주는 부모님과 가정이 점점 더 늘어나고 있습니다. 앞에서 말씀드린 것처럼, 다른 가정의 장애 자녀를 돌볼 뿐 아니라 나아가 장애 자녀를 입양하여 더 나은 부모, 능숙한 부모가 되어주는 가정은 우리에게 참 행복이 무엇인지를 깨닫게 해주는 좋은 예가 될 것입니다. 장애 자녀를 입양하고 행복한 미소가 그치지 않는 가정은 우리 가정에도 좋은 도전의 계기가 될 것입니다.

체크아웃

*특별한 아이를 통해 나는 어떻게 특별해졌나요?

*주변에 내 도움이 필요한 다른 가정이 있나요?

빨리 인정하고 재활 치료 시작하기

'빨리 인정하고 재활 치료하기' 라는 말은 상식적이지만, 절대 쉽지 않습니다. 그러나 장애를 빨리 인정하느냐 아니냐에 따라 장애인 가정의 행복이 언제 시작하느냐가 판가름 됩니다. 장애를 인정하지 않는 이유는 우리 아이가 단지 좀 늦다고 생각하거나 혹은 질병이라고 여기기 때문이죠. 장애를 인정하지 않고, 질병으로만 바라보게 되면 어떻게 될까요? 아마 재활보다는 치료를 통해서 장애를 해결하려는 노력을 끊임없이 하게 될 것입니다. 그러나 자녀는 성장하는데 여전히 치료가 되는 것이 멀기만 하다면 어떻게 될까요? 여기에 어려운 문제가 있습니다.

가장 어려운 첫걸음, 장애 인정하기

명현이는 자폐아입니다. 하지만 어머니는 아이가 초등학교에 들어가서도 장애등록을 하지 않았습니다. 장애아가 아니라고 확신했기 때문입니다. 명현이는 다른 아이와 달리 눈을 마주치지 않았지만, 혼자 조용히 노는 아이라고만 생각했습니다. 이상한 것은 별로 말을 하지 않는다는 것이었습니다. 친정과 시댁 부모들, 혹은 동네 사람들도

"아마 발달이 늦는가 봐요."라고 말했습니다. 그것이 전부인 줄 알았습니다.

그러다 아이가 초등학교에 입학했습니다. 그제야 명현이 어머니는 선생님에게 이렇게 간청했습니다.

"특수교육을 해주세요!"

그러나 선생님은 특수교육과 장애아 교육을 잘 알지 못했습니다.

"특수교육을 받기 위해서는 장애등록을 해야 합니다."

명현이 엄마는 충격을 받았습니다.

'명현이가 장애라니?'

결국, 자녀의 장애를 인정하느냐 아니냐의 문제로 선생님과 갈등을 겪게 되었습니다. 왜일까요? 눈으로 볼 때는 아이에게 장애가 있다는 것을 알지만, 마음과 머리로는 그것을 인정하지 못했기 때문입니다. 명현이에게 특별한 교육적인 접근이 필요하다고 요구하지만, 실제로는 장애아라는 것을 인정할 수 없는 것입니다. 학교 선생님을 비롯해 주변에 있는 사람들과 자녀에 대한 인식의 차이를 좁히지 않으면, 어머니의 마음이 편할 수 있는 날은 많지 않게 될 것입니다.

자녀의 장애를 직면하는 용기

현선이 어머니는 3개월이면 자폐를 치료한다는 말을 믿고 치료실에 계속 다닌 지 3년이 넘었습니다. 현선이가 자폐 아이 같다는 생각을 하게 된 것은 첫돌이 지나서였습니다. 그렇지만, 자폐를 장애라고 생각하지 않았습니다. 복지관에 갔을 때, 장애인 등록에 대한 정보를 받았습니다. 어머니는 고민하다가 상담을 청해왔습니다.

"만일 장애인 등록을 했는데 나중에 우리 아이가 장애인이 아니면 어떻게 하지요?"

저는 분명히 말씀을 드렸습니다.

"3년마다 혹은 5년마다 장애인 등록에 대하여 재심사를 요구하면 됩니다. 지금은 장애인 등록을 하고 국가로부터 제공되는 필요한 서비스를 받는 것이 중요합니다."

하지만 현선이 어머니는 제가 드린 정보를 받아들이지 않았습니다. 마침 어느 치료실에서 상담받을 때 "3개월이면 치료할 수 있다"라는 말을 들었습니다. 3개월이면 치료가 된다고 하는데, 제가 장애인 등록을 하라고 했으니 얼마나 저를 미워하고 증오했을까요. 그런데 3개월이면 된다던 치료가 점점 길어지더니 3년이 넘어가고 있습니다. 그렇지만 어머니는 여전히 치료에 집착하고 있습니다.

어느 곳에서 누가 무엇을 하니까 치료가 되었다고 하더라는 소문만 들으면 만사 제쳐두고 달려갑니다. 그리고 얼마 후 또 실망하고 좌절합니다. 저도 기억납니다. 1960년대 초반, 세 살밖에 안 된 저를 업고서 이곳저곳을 다녔던 어머니를요. 그 심정이겠지요.

현선이 어머니가 아이의 치료에 전념하는 동안, 어머니에게는 다른 어떤 것도 중요하지 않았습니다. 남편도 다른 자녀도 자신의 삶도, 그리고 더욱 안타깝게도 '현선이'도 눈에 보이지 않았습니다. 단지 어머니 마음에는 '현선이를 치료하고 말거야!' 하는 마음만이 자리 잡고 있을 뿐이었습니다.

긴 호흡으로 재활 치료 대하기

철용이 부모님은 철용이가 장애아로 판정받는 순간부터 다른 가정들이 그렇듯 치료하는 일에 힘쓰기 시작했습니다. 아이가 뇌병변이라는 판정을 받은 후 부모님이 받은 충격은 보통이 아니었습니다. 다른 장애도 아니고 뇌병변이라니요. 바쁜 시간을 내서 치료하는 일에 전념하였습니다.

그러나 3개월이 지났을 때, 치료를 멈추었습니다. 가정에 여러 문제가 생겼기 때문입니다. 특히 계기가 된 것은 재활병원에 있는 다른 뇌병변 장애 자녀들과 그들을 돌보는 부모님들의 모습이었습니다. 치료가 한순간에, 아니 단기간에 끝나지 않는다는 것을 알게 되었습니다. 언제 끝날지 모르는 과정의 연속이라는 사실을 알게 된 것입니다.

"여보, 우리가 40분~1시간씩 매일 이렇게 치료에 매달리는 것이 맞을까? 철용이를 치료한다고 세 군데나 되는 치료실을 매일 다니는데 우리도 힘들고 돈도 돈이고, 그보다 철용이가 너무 힘들어하는 것 같아. 어떤 엄마가 어릴 때 집중해서 해야 한다고 해서 치료를 많이 받을수록 좋다고 생각했는데… 오히려 철용이가 치료실을 다니면서 더욱 힘들어하고, 요즈음에는 치료에 지쳐서 기운이 없어지는 것 같아."

분명히 철용이는 나이에 비해 너무 많은 치료를 받고 있었습니다. 그래서 부모님은 재활병원 의사 선생님께 그동안 다른 두 군데에서 받은 치료내용까지 포함해서 함께 상담받기로 했습니다. 상담을 받은 후, 결론을 내렸습니다. 의사 선생님의 말씀대로 일주일에 세 번만, 그것도 한 군데에서 치료를 받기로 했습니다.

　많은 치료실을 돌아다니고, 많은 시간 치료를 받기보다는 병원에서 의사 선생님이 하시는 치료행위에 관해 묻고, 집에서 할 수 있는 간단한 방법을 배워서 최소한의 시간을 들여서 하기로 했습니다. 그렇게 하다 보니 시간과 비용도 줄었을 뿐 아니라 부모님의 체력에도 훨씬 도움이 되었습니다.

　부모님이 세운 원칙은 이러합니다. 병원에 갈 때 부모님이 함께 가서 듣고, 집에서 철용이에게 제공하는 재활 치료도 시간을 나누어서 함께 하기로 하였습니다. 그러면서 부부간에 대화도 많아졌고, 철용이의 상태도 함께 알게 되었습니다. 더욱 중요한 것은 이런 부모님의 모습을 철용이도 더 좋아한다는 것입니다.

　이제 철용이가 학교에 갑니다. 학교 갈 때는 활동 지원사의 도움을 받습니다. 부모님은 부부가 해야 하는 일상적인 생활도 포기하지 않았습니다. 지금도 철용이는 계속 재활 치료를 받고 있습니다. 눈에 보기에 확연히 좋아지는 것처럼 보이지는 않지만, 의사 선생님 말씀에 따르면 조금씩 달라지고 있습니다.

　한 가지 눈에 띄게 달라진 모습이 있습니다. 그것은 바로 철용이입니다. 전에는 병원에서든 가정에서든 수동적이었는데, 열 살이 되어가면서 스스로 적극적으로 노력하고 있습니다. 부모님은 그런 철용이를 보면서 희망을 품습니다. 아이가 스물이 되었을 때, 어떤 성인의 모습으로 살아갈 것인가를 그려봅니다.

치료 중독에서 벗어나기

장애 자녀를 양육하면서 인터넷 카페를 운영하는 한 어머니는 '치료 중독에서 벗어나기'라는 글을 올려서 장애 자녀를 양육하는 부모님들에게 제언하고 있습니다.

"지금 받는 치료 프로그램이 자녀의 발달 단계에 적합한지, 서비스를 제공하는 분이 어떤 자격을 소유하고 있는지 확인해 보세요. 검증도 안 되었는데 좋다는 소문만 가지고 쫓아다니는 것이 과연 옳은 일일까요? 아이들은 자기 그릇만큼 자랍니다. 교사나 부모들은 그저 아이가 잘 자랄 수 있는 방향을 지지해주고 아이를 격려해야 할 것입니다. 중심을 잃고 치료실을 쫓아다니다 보면 오히려 아이들의 학습 동기, 치료 동기를 잃게 할 수 있어요. 지나친 치료는 아이를 더욱 병들게 합니다. 무엇보다 하루 일정 중에서 할 일과 하지 말아야 할 일을 적어보세요. 그리고 아이 아빠와 의논하세요. 특히 정부에서 서비스를 제공하는 기관 이외에 두 개 이상은 아이에게 지나친 것입니다. 너무 많은 치료 시간은 절대로 아이에게 도움이 되지 않습니다. 단지 부모의 욕심이고, 보상심리에 근거한 행동일 뿐입니다."

특히 영유아기의 부모님에게 '치료'는 매력적으로 다가옵니다. 그러나 지나치면 "치료 중독"이라는 말을 사용할 정도로 심각한 상태가 됩니다. 병원에 가서 진단도 없이 "감기약 처방해 주세요" 하는 식으로 자녀의 상태에 상관없이 치료의 종류, 치료 서비스를 제공하는 기관, 치료 시간과 횟수를 모두 결정하려고 합니다. 이것은 부모의 결정권을 확대해석한 것입니다.

본래 치료라고 말하는 테라피therapy는 병을 고치는 행위가 아닙니다. 테라피는 병을 대하는 '방법'일 뿐입니다. 특히 장애와 관련된 테라피는 지속해서 제공해야 할 행위입니다. 그래서 테라피 앞에는 여러 가지 수식어가 붙습니다. 전문가들에게 의뢰하면 장애 자녀의 건강, 발달, 의지를 보고 장애 자녀가 감당할 만큼만의 치료 시간과 횟수를 제공합니다. 필요하면 가정에서 할 수 있는 일도 가르쳐줍니다. 이 만큼만 열심히 해도 됩니다. 이것을 넘어서 전문가도 아닌 부모님이 자녀가 감당할 수 없는 정도로 치료를 하게 되면 이것은 중독이 되고, 오히려 아이에게 해로울 수 있습니다.

장애는 병이 아닙니다.

장애를 병이라고 생각하지 말고, 장애를 빨리 인정하면 됩니다.

부모님은 장애인 등록을 염려합니다. 하지만 제 생각에는 일단 등록했다가 재활 치료를 잘해서 어느 시점에 장애에서 벗어나면, 그때 다시 검진해서 장애인 등록을 포기하면 됩니다. 장애를 빨리 인정하라는 말은 다시 말해서 장애를 병이라고 생각하지 않기를 바라는 것입니다. 장애를 인정하게 되면 정부에서 제공하는 필요한 재활 서비스를 받을 수 있습니다. 여기에서 마음의 안정이 시작됩니다.

장애는 병이 아닙니다. 장애를 인정하십시오.

대개 장애를 인정하지 않는 이유는 장애에 대한 부정적인 시각이 있기 때문입니다. 우리가 이 땅에 태어날 때 누구는 남자, 누구는 여자로 태어났듯이, 우리 아이는 정도는 다르지만 약간 늦게 성장하는 아이로 태어났을 뿐입니다. 이제 필요한 것은 전문가와 의논해서 아이에게 필요한 서비스를 적절하게 제공하는 것입니다. 그래야만 지나치고 과중한 부담, 특히 정신적이고 경제적인 부담에서 벗어날 수 있습니다. 부담만 가중되는 상황에서 병을 치료하려고 노력하는 한, 행복에서 멀어질 것입니다.

*마음의 두려움을 잘 들여다보세요. 두려움의 조각마다 이름을 붙여보세요. 하나씩 이름을 부르면서 이별의 인사를 나눠보세요.

*가지고 싶은 용기를 곰곰이 생각해보세요. 용기의 조각마다 이름을 붙여보세요. 하나씩 이름을 부르면서 환영의 인사를 나눠보세요.

문제행동이 아닌 욕구의 다른 표현

사람이 하는 행동은 그 사람의 생각을 알 수 있는 가장 객관적인 근거입니다. 행동을 통해서 생각을 알고, 욕구를 이해하지요. 종종 장애 자녀의 행동을 이해하지 못하고, 통제하지 못해서 힘들어하는 경우가 많습니다. 부모님도 그러하고, 선생님도 그러하지요. 종종 장애 자녀의 행동을 문제행동으로 규정하고, 행동을 수정하기 위해서 많이 노력하는 모습을 봅니다. 그러나 그것은 문제행동이 아니라 욕구를 해결하지 못해서 나타나는 것이라고 보아야 합니다. 그래야 자녀를 이해할 수 있습니다.

왜 그런 행동을 할까?

열다섯 살 현숙이는 자폐가 있습니다. 현숙이 아버지는 아이의 행동을 이해하지 못했습니다. 그래서 상담을 의뢰했습니다.

"우리 현숙이가 자꾸 바깥으로 나가려고 하는데, 아마도 자폐 때문인 것 같습니다. 바깥으로 나가려다가 안 되면 벽이나 다른 곳에 머리를 부딪치곤 해서 큰일입니다."

많은 장애 자녀가 이런 행동을 합니다. 이를 통제하거나 저지하지 못하기 때문에 장애 자녀를 둔 가정은 항상 고민이 많지요. 장애 자녀를 외부에 보내지 못하는 이유도 여기에 있습니다.

우리는 여기에서 잘 살펴보아야 합니다. 현숙이는 왜 그랬을까요? 아이가 바깥으로 나가려는 행동만 보지 말고, 왜 나가려고 하는가를 살펴보면 실마리를 찾을 수 있습니다. 많은 사람이 단지 '바깥으로 나가려는 행동'만 봅니다. 그러나 그보다는 바깥으로 나가게 하는 원인을 찾아야 합니다. 이것을 A-B-C 이론Activating Event-Beliefs System-Consequences이라고 합니다. 현숙이가 보여준 행동에는 반드시 원인이 있다는 것입니다.

"언제 현숙이가 바깥으로 나가려고 합니까?"

"그것은 잘 모르겠고요. 어쨌든 바깥으로 나가려고 해서 답답합니다."

바로 이 점을 자세히 살펴보아야 한다는 것입니다. 모든 행동에 의미가 있다고 한다면, 현숙이가 바깥으로 나가려는 행동은 무엇인가 충족되지 않는 욕구가 있거나 현숙이가 하고자 하는 일을 집에서 못하게 하므로 일어나는 행동이라고 볼 수 있습니다. 물론 자폐성 장애가 있는 아이가 바깥으로 나가게 되면, 안전을 보장할 수 없습니다. 그래서 더 강하게 막게 될 것입니다. 이것이 반복되면 현숙이는 바깥으로 나가려는 행동 그 이상도 할 수 있습니다. 바깥으로 나가려는 행동만 보지 말고, 더 자세히 원인을 이해하도록 해야 합니다.

다루기 힘든 행동은 모두 문제일까?

하루는 장애 아동을 담당하는 교사들이 도움을 요청했습니다.

"우리 기관에 있는 장애 아동들이 가만히 앉아있으려고 하지 않
습니다. 늘 쉬지 않고 돌아다니니까 아이를 쫓아다니다 보면 저
희 힘이 소진되어 너무 힘듭니다. 이러한 문제행동을 어떻게 해
결해야 할까요?"

일상에서 이런 상황이 반복되면 너무 힘들겠지요. 기관에서 앉아
있기를 거부하고 뛰어다니는 아이들이 집 안에서는 어떨까요? 아마 더
뛰어다닐 것입니다. 하루는 한 가정을 방문했더니 아이가 뛰어다니는
것이 아니라 날아다니더군요. 화장대, 옷장, 책상 위를 중심으로 경
중경중 뛰고 날아다녔습니다. 어머니는 이젠 포기했다는 생각으로 체
념하고 있었습니다. 어떻게 해야 할지를 모르겠다는 말만 반복했습니
다. 말로 아무리 타일러도 아이는 뛰어다녔습니다.

이때 선생님들과 의논해서 한 가지 방법을 모색했습니다. 기관 앞
에 커다란 운동장이 있었어요. 그곳에서 축구 연습을 하는 분들이 계
셨지요. 이분들에게 조심스럽게 그리고 정중하게 부탁을 드려보기로
했습니다. 그래서 공식적으로 요청했습니다.

"아침에 운동장을 뛰는 연습할 때, 장애 아동들과 선생님들이
함께 해도 될까요?"

물론 단기간이지만, 다행히도 이분들이 흔쾌히 허락했습니다. 그
래서 아침마다 운동하는 분들과 장애인 친구들이 맑은 공기를 마시면

서 뛰기 시작했습니다. 바로 그 효과가 나타났습니다. 아침에 뛰는 것으로 에너지를 소모한 아이들이 기관에 돌아와서 앉기 시작했습니다. 여기저기 뛰어다니는 이유는 넘치는 에너지 때문이었습니다. 이는 문제가 아니라 자연스러운 것이고 아주 건강한 것이죠. 어떤 행동을 다루기 힘들다고 해서 문제라고 간주하는 것은 조심스러워야 합니다.

자녀의 욕구 이해하기

명혁이는 종종 냉장고 문을 열려고 애를 쓰다가 안 되면 문을 발로 강하게 걷어차는 버릇이 있었습니다. 맨 처음에는 조용히 그리고 단호한 말로 명혁이의 행동을 통제하려고 노력했습니다.

"냉장고 두드리지 마! 냉장고 고장 나!"

그런데 별로 도움이 되지 않았습니다. 도움이 안 되는 방법을 계속하는 것도 바람직하지 않다는 결론을 내렸습니다. 함께 고민하기 시작했습니다.

'명혁이가 왜 점점 지나치게 그런 행동을 할까?'

부부가 아이의 행동을 관찰하고, 함께 논의한 결과는 바로 이것이었습니다. 명혁이는 냉장고 안에 있는 요구르트에 관심이 있었습니다. 요구르트를 달라고 말을 하기가 어려워서 냉장고 문을 열려고 했지만, 문이 열리지 않으니까 발로 걷어찬 것이죠. 그래서 자주 야단을 맞은 것입니다. 그렇지만, 요구르트에 대한 명혁이의 집착은 어머니의 야단으로 통제가 되는 것이 아니었습니다. 그래서 어머니와 명혁이 사이의 전쟁은 끝이 없었습니다.

부모님은 논의 끝에 방법에 변화를 주기 시작했습니다. 부모님이 먼저 명혁이에게 물었습니다.

"명혁아, 요구르트 줄까?"

이어서 명혁이 눈을 보면서 부모님이 스스로 대답했습니다.

"요구르트 주세요."

명혁이 얼굴을 보고 말하면서 냉장고를 열었습니다. 그러자 아이가 요구르트를 집어갔습니다. 이때 명혁이 손을 잡고 말했습니다.

"감사합니다!"

사실 맨 처음에는 잘 안되었습니다. 하지만 얼마 후부터 아이가 요구르트를 먹고 싶어 하는 시간대를 알게 되었습니다. 그 시간에 냉장고 근처에 명혁이가 잘 볼 수는 있지만, 손에는 닿지 않는 곳에 요구르트를 놓았습니다. 그러자 명혁이가 요구르트를 발견하고 잡기 위해서 뛰는 모습을 보이기 시작했습니다.

부모님은 다시 아까와 같은 방법으로 명혁이 눈을 바라보면서 이야기하고 요구르트를 주었습니다. 계속 반복하자 이제는 명혁이가 엄마 손을 잡아끌고 가면서 요구르트를 손으로 표현하기 시작했습니다. 의사소통이 이루어지기 시작한 것입니다.

그 이후로 명혁이는 냉장고 문을 발로 걸어차지 않게 되었습니다. 또한, 다양한 수단을 통해서 자신의 의사를 표현하기 시작했습니다. 명혁이 부모님은 즐거운 표정으로 신나서 말합니다.

"명혁이가 무엇을 원하는지 알게 되었고, 의사소통하는 방법을 알게 되어서 더 좋았습니다. 대화가 안 되는 줄 알았는데, 이젠 대화가 잘 됩니다. 게다가 아이의 행동에 뜻이 있다는 것을 알게 되었습니다."

바로 이것입니다. 장애 자녀의 행동에는 분명히 자기가 전달하고자 하는 뜻이 있다는 것입니다. 그 뜻을 표현하는 행동을 보면서 이상행동이나 문제행동이라고 보지 않아야 합니다. 왜 그렇게 행동할까를 살펴보면, 그것은 문제행동이 아니라 욕구의 다른 표현임을 알 수 있습니다.

비언어적 의사 소통, 자녀의 마음 읽기

0~36개월 영유아를 양육하는 과정을 살펴보면, 장애 아동의 행동을 이해하는 데 도움이 될 수 있습니다. 소위 문제행동, 또는 이상행동을 보여주는 아동들은 일반적으로 언어적 표현에 어려움이 있습니다. 언어적 표현을 잘하는 아동은 행동이 아니라 언어로 자기 욕구를 표현하겠지요. 그러나 언어적 표현에 어려움이 있으면, 아동뿐 아니라 성인도 자기 욕구를 행동으로 표현하게 되어 있습니다.

한번 생각해 볼까요? 두 종류의 아이가 있습니다. 한 아이는 다른 아이와 어울리지 않고 조용히 혼자 놀면서 표현을 잘 하지 않습니다. 다른 아이는 산만하지만 돌아다니면서 소위 문제행동을 보여줍니다. 어떤 아이가 키우기 편할까요?

물론 두 아이 다 힘들지만, 겉으로 볼 때는 조용히 어떤 표현도 하지 않는 아이가 편하고, 문제를 일으키는 아이가 양육하기 힘든 것처럼 보입니다. 그러나 군이 비교하자면, 문제를 일으키는 아이 양육이 더 쉽습니다. 문제행동을 일으키는 아이들은 그 행동에 자기의 의사와 욕구가 분명하게 드러나 있기 때문입니다. 조용히 있는 아이도 그것 자체가 욕구의 표현이고, 의사소통 방식이라고 할 수 있지요.

그래서 문제행동을 나타내는 아이들의 행동이 어떤 의미인가를 알아보기 위해서는 0~36개월 영유아를 살펴보는 것이 도움이 됩니다. 그 영유아들에게는 우리가 사용하는 언어가 없지요. 오히려 비언어적으로 의사를 표현합니다. 그렇지만 어머니는 아이의 마음을 읽고 자녀와 끊임없이 대화합니다. 신기하게도 어머니는 아이가 무엇을 원하는지를 잘 알고 있어요. 아이의 표정을 살펴보면서 어머니는 쉴 새 없이 질문하고 쉴 새 없이 대답합니다. 그렇게 아이와 대화하고 사랑합니다. 자녀를 사랑하는 어머니는 말을 하지 않는 영아들과 많은 말을 주고받습니다. 여기에 비결이 있습니다.

자녀의 행동을 통해서 문제를 보는 것이 아니라 자녀의 욕구를 알 수 있어야 합니다. 문제의 관점보다 사랑의 관점으로 자녀를 바라보세요. 장애의 렌즈가 아니라 사랑의 렌즈를 통해서 보면 자녀의 행동을 이해할 수 있습니다. 모든 행동이 그렇지는 않지만, 적어도 많은 부분은 문제행동이 아니라, 장애 자녀가 행동으로 말하고 있는 것입니다. 행동의 언어에 귀 기울여주세요.

*함께 보물찾기를 해볼까요? 머리카락 보일라 꼭꼭 숨어버린

 아이의 진심을 찾아보세요.

【힌트】아주 사소한 행동이라도 의미가 있답니다.

작은 가능성에서 시작하는 큰 변화

사람은 살아가면서 무엇이든지 다 잘하고 싶어 합니다. 우리 자녀들도 무엇이든 다 잘했으면 합니다. 그런데 성인이 되고 시간이 지나 삶을 돌아보면 이것저것 많은 재능을 가지고 사는 사람도 있지만, 대부분 한 가지 일에 집중해서 살아갑니다. 신기한 것은 학교에서 배우지도 않은 일을 생계로 삼아 직업을 즐기면서 살아가는 사람들이 대부분이라는 것입니다.

많은 재능이 중요한 것이 아니라 무엇을 가장 잘하는지가 중요합니다. 이는 장애 자녀에게도 적용됩니다. 아주 잘 하지 않아도 됩니다. 작은 가능성이라도 찾아내는 것이 매우 중요합니다. 이것을 발견하게 되면 세상이 긍정적으로 바뀝니다. '잘하는 것이 하나도 없는 아이' 가 아니라 '그것을 가장 잘하는 아이' 로 양육하는 것이 장애 자녀를 올바르게 양육하는 비결이요, 작은 행복을 맛보는 열쇠가 됩니다.

작은 가능성의 발견

가능성이 하나도 없다고 여겼던 아이가 놀랍게 변화한 사례가 있습니다. 제가 만난 아이는 30개월 정도 되었던 영식이었습니다. 다운 증후군이었고, 손가락이 여섯 개, 발가락이 여섯 개였습니다. 심장 수술도 했고, 척추도 약했고, 무엇보다 소화 기능이 약했습니다. 부모님은 영식이를 보면서 해줄 수 있는 것이 아무것도 없다고 생각했습니다. 그래서 외출을 할 때면 바깥에서 문을 잠그고, 아이에게 고작 과자 한 봉지만 주었습니다. 영식이는 과자를 먹는 일도 어려웠고, 수프도 잘 넘기지 못해서 보통 20~30분 동안 먹여야 했습니다.

마침 주변에 계신 이웃이 이런 모습을 보고 영식이를 저에게 데리고 왔습니다. 솔직히 말하면 저도 무엇을 해야 할지 몰랐습니다. 그래서 아주 단순한 조건만 제시했습니다.

"집 안에 영식이를 이런 상태로 내버려 두면 안 됩니다. 다른 것은 몰라도 수프를 먹이는 일, 영식이를 깨끗하게 돌보는 일, 그리고 기저귀를 가는 일은 책임지고 하겠습니다. 다른 것은 기대하지 말고 우리에게 맡기고, 부모님은 자기 일을 열심히 하세요."

그렇게 영식이를 돌보게 되었습니다. 사실 처음에는 무엇을 해야 할지 몰랐습니다. 단지 20여 분 정도 수프를 먹이고, 척추에 문제가 있다고 하니 기저귀를 갈고 벽에 기대어 간신히 앉아있도록 하는 일이 최선이었습니다. 약 6개월이 지난 어느 날, 영식이 담당 선생님은 왠지 모르게 미안한 마음이 들었습니다. 다른 아이들이 의자에 앉아있을 때 영식이는 바닥에 깔아놓은 매트 위에 있었기 때문입니다. 그래서 혼자 앉을 수 없는 영식이를 벨트로 의자에 고정해서 앉게 했습니다. 그런데 어느 날, 책상에서 컵이 떨어지는 소리에 영식이가 깜짝 놀라는 표정을 발견하게 되었습니다. 선생님은 이 순간을 놓치지 않았습니다. '소리 자극에 반응하는 영식이의 모습'을 새로 발견한 것입니다.

이것을 계기로 선생님은 영식이를 복도에 엎드리게 하고, 소리 나는 도구를 사용해서 기어오게 했습니다. 영식이는 소리 자극을 따라 조금씩 온몸을 움직여서 기어오려고 했습니다. 척추에 어려움이 있으면 기어가는 것도 힘들거든요. 약 6개월간 반복하면서 점차 변화가 일어나기 시작했습니다. 영식이가 기어가는 거리가 멀어졌고, 운동량이 많아졌습니다. 운동량이 많아지니까 먹는 수프량이 놀라울 정도로 늘었습니다. 그리고 얼마 후, 선생님들과 의논해서 수프에서 죽으로, 죽에서 밥을 물에 말아서 먹였고, 6개월이 지났을 때 영식이는 밥을 먹게 되었습니다.

이때 물리치료사가 부탁했습니다.

"제가 영식이를 위해서 무엇인가 시도를 해보겠습니다."

"무엇을 해보려고요?"

"혹시 영식이가 걸을 수 있을지도 모르잖아요. 허리와 다리근육을 강화하는 시도를 해보면 어떨까요?"

시도해보겠다는 물리치료사의 제안을 기꺼이 허락했습니다. 그후 영식이는 땀을 흘리는 일을 하기 시작했습니다. 벽에 등을 대고 서 있는 연습을 시작했는데, 어느 날부터인가 영식이는 시소에 앉아서 자기 힘으로 균형을 잡고 앉기 시작했습니다.

이런 단계가 하나씩 진행될 때마다 약 6~8개월이 지났지만, 우리에게는 모든 순간이 기적이었습니다. 영식이가 아홉 살이 되었을 때 어떤 변화가 일어났을까요? 놀라지 마십시오. 혼자 걸을 수는 없었지만, 다른 아이의 휠체어를 밀어주면서 걸을 수 있게 되었습니다. 변화는 여기에서 그치지 않았습니다. 늘 표정이 어두웠던 영식이 어머니 아버지 얼굴에 빛이 비추기 시작했습니다.

어느 날, 부부 교실을 진행하는데 두 분의 의상이 어두운 색깔에서 밝은 색깔로 바뀐 것을 보았습니다. 부부의 표정도 웃음으로 변화되었습니다. 불행할 수밖에 없는 가정에서 이제는 행복할 수밖에 없는 가정이 되었습니다. 이런 변화는 거창한 데서 시작한 것이 아닙니다.

"소리 자극에 반응하네?"라는 작은 가능성이 전혀 기대하지 않았던 변화를 가져다주었고, 부모님의 의상과 표정, 가정 분위기까지 달라지게 한 것입니다. 시간이 얼마나 걸렸느냐는 중요하지 않았습니다. 장애 가족 중에는 영식이보다 훨씬 가벼운 정도의 자녀들이 있을 것입니다. 그러나 커다란 가능성을 찾느라 작은 가능성은 흘려보내 버릴지도 모릅니다. 큰 결과만 생각하느라 작은 것을 무시하는 일이 없기를 바랍니다. 포기하지 말고, 지금이라도 우리 아이에게서 '작은 가능성'을 발견하게 되면, 이는 커다란 변화를 선물로 가져다줄 수 있습니다.

각기 다른 재능을 가진 자녀들

약 20년 전의 일입니다. 마이클 잭슨의 춤이 아주 인기가 있던 시절이었지요. 함께 하는 장애인 모임에서 명철이란 다운 증후군 친구가 가장 인기 있었는데, 그 친구가 가장 잘하는 것이 바로 마이클 잭슨의 춤, 문 워크였습니다. 사실 명철이가 이 춤을 잘 추는 줄은 아무도 몰랐습니다. 부모님도 몰랐습니다. 부모님에게 명철이는 그저 다운 증후군 자녀일 뿐이고, 행복해야 할 두 사람 사이에 태어나 부부를 불행하게 만드는 아들이라고 생각했을 뿐이었습니다.

그래서 부모님은 명철이가 특수학교에 갔다 오면, 공부하는 것이 아니라 그저 학교를 왔다 갔다 하는 것일 뿐이라고 생각했습니다. 지금부터 30년 전이니까 사회에서 장애에 대한 인식이 긍정적이지 않았고, 부모님 또한 그러했습니다. 그런데 우연한 기회에 장애인 모임에 명철이가 나오게 되었습니다. 저는 기타를 치면서 레크레이션 진행을 하고 있었습니다. 장애인들이 장애를 잊고 즐거운 시간을 갖도록 집중하면서 말입니다. 그런데 갑자기 명철이가 원형으로 앉아있는 모임 가운데로 툭 튀어나오는 것이었습니다. 그리고는 저의 기타반주와 무관하게, 우리가 부르는 노래의 곡조와 무관하게 춤을 추기 시작했습니다.

솔직히 저는 그 춤이 마이클 잭슨의 문 워크인 줄 몰랐습니다. 명철이가 춤을 추자 수화로만 대화하던 청각장애인들이 손뼉 치면서 너무 좋아하는 것입니다. 휠체어에 누워있거나 옆으로 앉아있던 다른 뇌병변 장애인들도 명철이의 춤에 쏙 빠져버렸습니다.

함께 하는 장애인들은 명철이가 다음에도 꼭 나왔으면 좋겠다고 했습니다. 그러던 어느 날 명철이 어머니가 모임 구경을 하러 왔습니다. 그리고 명철이가 추는 춤을 추는 광경을 보게 되었습니다. 어머니도 놀랐습니다.

'우리 명철이가 저런 재주가 있었나?'

알고 보니 명철이는 TV에서 마이클 잭슨 춤을 보게 되었고, 자기도 모르게 따라 했던 것입니다.

또 다른 이야기를 나누려고 합니다. 1990년 보건복지부와 함께 장애아 보육 시설에 공공근로자를 파견하는 공식적인 행사를 하게 되었습니다. 그 자리에 자폐성 장애인 친구 세 명이 무대에 나와서 선생님과 함께 플루트로 클래식을 연주했습니다. 깜짝 놀랐습니다. 뒤에서 소곤소곤하는 소리가 있었습니다.

"진짜 자폐가 맞나?"

"진짜 장애인이야?"

저는 사람들이 수군대는 소리를 들으면서 '아니 가짜 장애인도 있나?' 라고 반문했습니다.

솔직히 저 자신을 고백합니다. 제가 플루트를 연주하려고 해보았는데, "쉬---쉬---" 바람 새는 소리만 나오고 플루트 소리가 나오지 않아서 포기했습니다. 그런데 자폐인 친구들이 플루트를 가지고 연주를 하는데, 그것도 단순한 동요가 아니라 클래식을 연주한다는 사실에 충격을 받았습니다. 제가 받은 충격은 이것입니다.

"저 친구들은 예술가이고, 나는 문외한이다."

그렇게 연주하기까지 얼마나 많은 연습을 했을까요? 하지만 그보다 더욱 중요한 것은 이 친구들이 플루트를 연주할 능력이 있다는 사실을 어떻게 발견할 수 있었는가 하는 것입니다. 그것은 바로 부모님의 예민한 감수성과 예술적인 관심, 그리고 '장애 자녀가 무엇인가를할 수 있다' 라는 부분을 놓치지 않았기 때문이지요. 장애인은 보이지않는 작은 가능성, 작은 잠재력을 가지고 있는 존재입니다.

저는 하반신 지체장애인인데, 어렸을 때부터 어른들이 이렇게 칭찬해주셨습니다.

"계윤이는 다리가 불편하니까 손재주가 있을 거야."

50년 전의 그분들이 진정한 재활복지사가 아닐까 하고 감사드립니다. 저는 손재주가 있기는 합니다. 예를 들면 라디오 분해는 잘합니다. 하지만 다시 조립하면 소리가 나지 않습니다. 분석력은 뛰어난데,종합하는 능력은 친구의 도움을 받습니다. 그래서 철학을 했습니다. 칭찬을 통해서 하나씩 나에게 있는 재능을 발견하고 키워나가기 시작한 것입니다.

작디 작은 한 가지 가능성이 이끄는 길을 따라

우리나라 속담에 "재능이 많으면 배가 고프다"라는 말이 있습니다. 여러 가지 재능이 있으니까 한 가지 일에 집중하지 못한다는 뜻입니다. 그래서 저는 부모님들에게 이렇게 말합니다.

"우리 장애 자녀는 재능이 많습니까? 적습니까?"

"적습니다."

부모님들은 모두 적다고 대답합니다. 저는 웃으면서 말씀드립니다.

"그러면 배가 고플 리는 없습니다. 한 가지 일에 집중하면 되지 않겠습니까?"

재능이 많은 장애 자녀들은 그 재능의 작은 가능성을 찾으면 대박 날 가능성이 있습니다. 사실 모두가 만능 재주꾼은 아닙니다. 그러나 한 가지 재능에 집중해서 할 수 있지 않습니까? 특히 시각장애인 친구들은 보이지 않기에 감각적으로 훨씬 뛰어납니다. 제가 처음 기타를 배울 때, 기타 연주를 못 해서 이상한 소리가 나곤 했습니다.

그러자 친구들이 말했습니다.

"시각장애인 가수 이용복 씨는 기타로 멋진 음악이 나오는데, 왜 네 기타에서는 이상한 소음이 나오냐?"

지체장애인 이계윤보다 시각장애인 가수 이용복 씨가 뛰어날 수밖에 없는 이유가 거기에 있습니다. 장애 자녀에게서 큰 가능성이 아니라 작은 가능성을 발견하는 민감성을 가지십시오. 그러면 장애 자녀뿐 아니라 그의 변화를 통해서 우리 가정도 행복의 길로 변화될 것입니다.

*아이를 잘 관찰해보세요. 그리고 아이가 할 수 있는 것을 적
 어보세요. 가족과 가까운 이들에게도 물어보세요.

2부

중심

†

나는 나의 존재만큼 너는 너의 존재만큼
각자 자기 삶을 지고 우리 같이 걸으면 될까.

✝
가정의 중심 잡기

가정의 중심이 장애 자녀에게 쏠릴 때

행복한 가정이 되기 위해서는 가정의 중심이 확고해야 합니다. 이 원칙은 장애 자녀가 있는 가정이나 그렇지 않은 가정이나 똑같이 적용됩니다. 비장애 자녀를 양육하는 가정도 그다지 다르지 않지만, 장애 자녀를 양육하는 가정은 이 중심이 흐트러지기 쉽습니다. 그래서 종종 행복하지 않은 가정을 만들어가기 쉽습니다. 가정의 중심을 장애 자녀에게 두게 되는 경우가 대부분입니다. 지나칠 정도로 장애 자녀를 가정의 중심에 둔 사례를 소개하려고 합니다.

첫 번째 사례는 장애 자녀가 있는 일반적인 가정입니다. 아버지는 출근하시고, 어머니는 자폐 특징이 있는 영수를 양육하는 일에 전념했습니다. 어머니의 하루 일정은 이렇습니다.

"저는 영수를 중심으로 하루를 움직입니다. 오전에 어린이집, 1시부터는 복지관의 인지 치료, 2시 20분부터는 언어치료실, 4시부터 수영장에서 수치료, 5시 30분에 집에 와서 저녁을 준비하고, 7시부터 영수와 함께 간식 만들기를 하면서 놀아줍니다. 영수 아빠나 영수의 누나들이 와도 함께 할 시간이 없습니다."

"왜 그럴까요?"

"영수 아빠나 누나는 자기 일을 스스로 할 수 있지요. 하지만 영
수는 항상 부산해서 눈을 뗄 수가 없어요."

영수 어머니가 하루하루 살아가는 모습을 보면, 쉴 틈도 없이 초
인간적인 일정을 소화하고 있습니다. 그러나 영수 어머니도 사람이지
요. 최근 체력이 달려서, 허리가 아파서라는 말을 자주 하게 됩니다.
더욱이 어머니가 속상해하는 것은 이렇게 힘들어하는 본인의 사정을
남편도, 딸도 그러려니 한다는 사실입니다.

"나는 너무 힘들어. 지쳤어. 몸도 마음도 다 지쳤어. 이제 엄마
하기 싫어 관둘 거야!"

영수 어머니는 절규의 목소리로 부르짖으며 한탄합니다.

두 번째는 좀 더 드문 사례입니다. 이 가정에는 민철이와 민영이
남매가 있습니다. 다섯 살 민철이는 지적 장애가, 세 살 민영이는 뇌병
변 장애가 있습니다. 맨 처음에는 어머니가 두 아이를 돌보고, 아버지
가 도와주는 역할을 했습니다. 아내가 힘들어하는 것을 보던 아버지는
아내를 많이 도와주다가 역할이 바뀌었습니다. 어느 날 아버지가 정규
직으로 일하던 직장을 그만두고 시간제로 바꾸었습니다. 민철이와 민
영이를 더 많이 돌보기 위해서 시간을 할애 한 것입니다. 몇 달도 채 가
지 못해서 두 아이는 아버지만 따르게 되었고, 어머니의 자리가 없어
졌습니다. 그후 어머니가 시간제 형식의 직장을 갖게 되었습니다. 2년
뒤 이 부부는 헤어지고 말았습니다.

좋은 부모가 되기 전에 좋은 부부가 될 것

최근 핵가족화가 되어서, 결혼한 부부는 많아야 셋, 보통 두 명 이하의 자녀를 두지요. 그러다 보니 자녀를 양육하는 부모의 역할이 가정의 중심이 되어 버렸습니다. 물론 부모의 역할을 잘 감당해야 하지요. 자녀를 낳았으면 훌륭한 부모가 되어야 합니다. 그러나 종종 좋은 부모가 되려다가 가정에서 행복을 잃을 수도 있다는 사실을 잊어버립니다. 가정의 중심은 부모의 역할에 있는 것이 아니라, 부부의 역할을 충실히 하는 것에 있습니다.

그래서 저는 부모교육보다는 부부 교실을 더 많이 시행하고 있습니다. "어떻게 하면 자녀를 잘 기를 수 있을까?"보다는 "어떻게 하면 건강한 부부가 될 수 있을까?"를 더 강조합니다.

부부 역할이 왜 가정의 중심이 되어야 할까요? 결혼식에서 많은 사람 앞에서 혼인 서약한 내용을 살펴보면 쉽게 알 수 있습니다. 혼인 서약서 내용을 보면 그 내용에 '좋은 남편, 좋은 아내'가 되겠다는 내용이 나오지요. 하지만 그 내용에 '좋은 부모'가 되겠다는 내용은 없습니다. 아직 자녀가 없는 상태에서 결혼하기 때문일까요? 최근 혼전 임신을 통해서 결혼식을 늦게 하는 가정도 그와 같은 내용이 담긴 혼인서약은 하지 않습니다. 남자는 여자를 사랑해서 남편이 되고, 여자는 남자를 사랑해서 아내가 되는 것이 가정의 출발이기 때문입니다. 이 세상 끝날까지 감당해야 할 역할은 바로 부부 관계입니다. 부모 역할을 열심히 하다가 부부 관계를 소홀히 하면 가정에 위기가 올 수 있습니다. 그러나 부부 역할을 잘하게 되면, 부모 역할은 뒤따라 잘할 수 있다는 사실을 기억해야 합니다.

장애 자녀를 양육하는 부모 역할은 부부 역할을 잘하면서 그에 수반하는 일이 되어야 합니다. 우리가 잘 알듯이 장애 자녀든 아니든 어머니 혹은 아버지 혼자 다 감당할 수는 없습니다. 그래도 최근에는 바람직한 현상이 보입니다. 장애 자녀에 관한 상담을 받으러 올 때 전에는 어머니가 혼자 왔었지만, 요새는 부부가 함께 오곤 합니다. 물론 상담할 때만 그런 경우가 많지요. 그래도 진일보 한 것입니다.

그런데 상담하러 와서 주로 장애 자녀에 관해서만 이야기합니다. 자녀 이야기만 열심히 하는 부부의 얼굴을 보면 피차 서로에게 불만이 많아요. 아내는 엄마의 역할을 잘 못 하고, 남편은 아빠의 역할을 소홀히 한다는 것입니다. 하지만 조금 더 깊이 그 내용을 들여다보면, 아내는 아빠보다는 남편이 되어주기를 바라고 있고, 남편 역시 엄마보다는 아내가 되어주기를 바라고 있음을 알 수 있습니다. 단지 장애 자녀를 방패로 삼고 그 이야기를 하지 못하는 것입니다. 물론 이런 속마음도 있을 것입니다. '엄마 노릇 하기도 힘든데 아내 역할까지 어떻게 하느냐?', '아빠 역할도 하기 힘든데 남편 역할을 어떻게 하느냐?' 보통 이러한 것을 삼각관계라고 합니다.

그러나 아내에게는 남편의 넓은 품이 필요합니다. 아내는 장애 자녀의 엄마로서가 아니라 내 아내로서 이해하고 격려해주는 남편을 간절히 바라고 있어요. 남편도 마찬가지입니다. 장애 자녀를 더 돌보는 아빠가 아니라, 기둥과 같은 남편의 역할을 인정하고 지지해주는 아내를 바라고 있습니다. 우리가 여기에서 놓치지 말아야 할 것이 있습니다.

'부모 역할을 잘하면 부부 관계 문제없다' 라는 공식을 잊어야 합니다. 거꾸로 '부부 관계 좋으면 부모 역할 문제 없다' 라는 공식을 기억해야 합니다. 사실 장애 자녀도, 비장애 형제자매도, 자녀에게 에너지를 다 쏟아서 대화도 없고 지쳐버린 부모를 원하지 않습니다. 엄마 아빠가 행복해서, 너무 행복해서 나오는 에너지로 자녀들을 더 잘 돌보는 부부로서의 부모를 원합니다.

행복한 부부가 되는 법

행복하게 장애 자녀를 양육하는 부부가 되려면, 사랑으로 몇 가지 역할을 함께 해야 합니다.

첫째로, 장애 자녀에 대한 정보를 함께 나누기 바랍니다. 정보를 부부 중 한 사람이 독점할 때 그 관계는 부모 관계로 전락하게 되고, 이런 대화를 하게 됩니다.

"당신이 아이에 대해서 뭘 알고 있다고 그래."

"당신이 아이에게 잘한 게 뭐가 있어."

"당신이 그렇게 하니까 아이가 더 심해지는 거야!"

말다툼으로 시작해서 싸움으로 번지고, 의사소통이 단절되기까지 이르게 됩니다. 이를 극복하고 행복한 부부가 되기 위해서는 장애 자녀에 대해 아는 것, 또는 전문가를 통해서 들은 내용을 함께 나누어야 합니다. 그리고 필요하면 전문가를 통해서 함께 듣는 것이 중요합니다.

둘째로, 자녀를 돌보는 일이 부모의 책임보다는 부부의 책임이라고 생각해야 합니다. 비슷한 것 같아도 약간 다릅니다. 부모의 책임은 "우리가 낳았으니 우리가 책임을 져야지요!"라는 말입니다. 부부의 책임은 "우리가 서로 사랑해서 얻은 선물이니까 함께 사랑합시다!"라는 말입니다. 다시 말해 부모의 의무로 장애 자녀를 만나는 것이 아니라, 부부의 사랑으로 함께 만나는 것입니다. 이렇게 되면 "당신이 더 해야 해, 당신이 그렇게 하면 안 돼요."라는 메시지를 주지 않습니다.

"내 생각에 이렇게 하면 어떨까?", "나는 이렇게 하고 싶은데, 당신이 보기에는 어때요?"라고 말합니다. 너–메시지You–Message가 아니라 나–메시지I–Message로 다가가게 됩니다. 이러한 부부의 모습은 비장애 형제자매에게도 좋은 영향을 줄 수 있습니다.

셋째로, 틈틈이 서로를 격려하고 사랑하되 먼저 귀를 기울이는 부부가 되어야 합니다. 저는 여기에서 우리가 사는 주거 형태의 변화를 보면서 부부의 역할도 바뀌어야 한다고 봅니다. 과거에는 부엌이 방 외부에 있었습니다. 그곳은 어머니의 공간, 아내의 공간이었고 이렇게 부부, 부모의 역할이 구분되어 있었습니다. 지금은 대부분 거실과 주방이 붙어있는 형태로 공간이 이루어져 있지요. 더는 집안일을 남자와 여자 역할로 구분하지 않습니다. 오늘날의 주거 형태는 부부가 함께 장애 자녀를 돌보고 가사를 공유하게 되어 있습니다. 다시 말하면 남편이 아내와 함께 하는 일을 평등하고 공평하게 감당하되, 이 작은 일에도 서로 격려하고 칭찬하자는 것입니다. 옛말에 아내 자랑, 남편 자랑은 팔불출이라고 했지요. 장애 자녀를 양육하는 부부가 행복하기 위해서는 스스로 팔불출이 되기로 작정해야 합니다. 내가 내 아내를, 내가 내 남편을 칭찬하지 않으면 누가 하겠습니까? 게다가 장애 자녀까지 이렇게 잘 양육하고 있는데 말이지요.

좋은 부모 역할도 좋지만, 더욱 중요한 것은 행복한 부부가 되는 것입니다. 아내를 사랑하는 남편, 남편을 사랑하는 아내의 역할이 중심이 되어야 합니다. 여기에 가정이 행복해지는 하나의 비결이 있습니다.

체크아웃

*〔부부 또는 가족이 함께〕오늘 하루, 이번 한 주, 가장 사소한 것을 칭찬해보세요.

*서로에게 고마운 것이 있다면 할 수 있는 한 가장 구체적으로 표현해보세요.

†

어머니의 삶을 자기답게

우리나라의 모든 어머니가 그러하듯 장애 자녀 어머니는 그 누구보다 장애 자녀 양육에 무한한 책임을 지고 있습니다. 그래서 종종 어머니는 자신의 삶을 포기한 채 살아갑니다. 오직 장애 자녀만 바라보고 사는 것이지요. 그러나 분명한 것은 어느 가정이 되었든 간에 어머니가 행복해야 가족 구성원이 행복합니다. 이는 동서고금의 진리입니다. 그러면 어머니가 행복하다는 말은 무엇일까요? 자신의 삶을 포기한 채, 장애 자녀의 양육에만 헌신하는 어머니는 과연 행복할까요? 그렇지 않다고 생각합니다. 장애 자녀 어머니일수록 비장애 자녀 어머니보다 더 행복해야 합니다. 그런 방향의 실천적인 노력을 해야 합니다.

여성의 삶 회복하기

지적 장애 자녀를 둔 어머니가 있었습니다. 어느 날부터 어머니가 수영을 배우기 시작했습니다. 그리고는 표정이 몰라보게 달라졌습니다. 사실 그동안 이 어머니의 얼굴에서는 웃는 표정을 읽을 수 없었습니다.

상담하면서 여쭈었습니다.

"왜 표정이 그렇게 어둡습니까?"

그러자 어머니는 이렇게 대답합니다.

"장애 자녀의 어머니가 어떻게 웃을 일이 있습니까? 웃을 수 없지요."

저는 깜짝 놀랐습니다. 의외로 장애 자녀를 양육하는 어머니들의 얼굴에서 밝은 표정을 찾는 일은 쉬운 일이 아니었습니다. 그도 그럴 것이 장애 자녀를 데리고 치료실 다니지요, 학교 다니지요, 때로는 낮병동에까지 다니느라고 어머니에게는 조금의 쉴 틈도 없었습니다. 그러니까 여유를 가질 시간이 전혀 없는 것이에요. 하지만 꼼꼼히 살펴보면 아이가 어린이집에 갈 때, 학교에 갈 때, 치료실에 있을 때, 어머니 자신을 위한 시간은 의외로 많다는 사실을 알 수 있습니다.

이 시간을 잘 활용하면, 어머니 자신을 위한 삶을 설계할 수 있다고 생각합니다. 그래서 저는 장애 자녀 어머니에게 '여성의 삶'을 회복할 때 행복이 찾아온다고 안내합니다. 장애 자녀가 어린이집이나 학교, 일터에 갔을 때, 연연하지 말고 그 시간에 여성으로 사는 삶을 당당하게 누리라고 부탁합니다. 그 당시 이 어머니는 수영을 하기 시작했습니다. 어느 날 수영을 끝내고 나오시는 어머니를 만났습니다. 겸연쩍어하는 표정이었지만, 그날따라 얼굴에서 빛이 났습니다. 어머니는 저에게 말했습니다. 그동안 중단했던 요리학원에 등록해서 요리사의 꿈을 실천에 옮겨보겠노라고 했습니다. 장애 자녀의 어머니는 어머니이기도 하지만, 더욱 중요하게는 이 땅에 '한 사람의 여성'으로 태어난 사람입니다.

어머니에게 기쁨을!

최근 장애인 복지관에서는 일박이일 가정 위탁 프로그램을 진행하는 곳이 많아지고 있습니다. 철수 어머니는 뇌병변 장애가 있는 철수를 이 프로그램에 참여시키기로 하였습니다. 경쟁률이 심할 것 같아 빨리 신청했습니다. 며칠 후 프로그램에 참여할 수 있는 자격이 주어졌습니다. 그런데 신기한 것은 복지관 측의 설명이었습니다. 경쟁률이 심할 것 같았는데, 실제로는 신청자가 적어서 철수네는 손쉽게 참여할 수 있었다는 것입니다.

덕분에 철수 엄마 아빠는 모처럼 분위기 있는 곳에서 신혼 때처럼 아름다운 추억을 만들었습니다. 아직도 철수 엄마는 잘 이해가 안 된다고 합니다.

"다른 사람들은 왜 신청을 하지 않았을까요?"

장애 자녀 어머니들이 이런 날을 꿈꾸며 살면서도, 정작 장애 자녀를 떼어놓고 가는 것이 미안하다고 생각하기 때문입니다. 그러나 사실 그렇지 않습니다. 장애 자녀 어머니도 이러한 여유를 누릴 권한이 있다고 말씀드립니다.

저는 "장애 자녀와 함께 하는 가족 캠프"를 진행해 보았습니다. 이 캠프의 목적은 아주 단순했습니다. "장애 자녀 어머니에게 기쁨을!" 실제로 어머님들과 같이 놀이공원이나 수목원을 갑니다. 한번 퀴즈를 내 볼까요? 장애 자녀가 좋아할까요? 어머니들이 더 좋아할까요? 그렇습니다. 실제로는 모처럼 야외에 나온 어머니들의 입이 다물어지지 않습니다. 장애 자녀와 함께 나들이를 나왔지만, 계속해서 웃고 그 즐거움을 100% 만끽하는 분은 어머니입니다. 장애 자녀를 양육하는 어머니들에게 드리는 부탁이 있습니다.

"일 년에 며칠만이라도 장애 자녀를 잊으세요. 이런 날에는 과감하게 오직 자신만의 행복을 생각하세요. 당연히 그럴 자격이 있습니다."

위대한 어머니 말고, 평범한 어머니

가끔 영화 「말아톤」으로 유명한 배형진 군의 엄마, 수영선수 김진호 군의 엄마가 매스컴을 타지요. 이분들이 유명해지고 싶어서 유명해진 것은 아니라고 생각합니다. 사회가 장애 자녀 어머니에게 여성으로, 인간으로 살아갈 기회를 주지 않았기 때문입니다. 결국, 이 위대한 어머니들은 '자신의 삶'을 살 수 없었고, 그저 장애 자녀의 삶이 곧 그녀들의 삶이었습니다.

예전에 제가 학교에 다닐 때 졸업식만 되면 학교에서 "위대한 어머니상", "자랑스러운 어머니상"을 수여하곤 했습니다. 그리고 이 상을 받는 분들은 대개 장애 자녀의 어머니였습니다. 몇 년간 장애 자녀를 등에 업고 학교에 다니시고, 어떤 어머니는 학교생활조차 같이 하기도 했습니다. 그런데 지금도 이러한 상을 학교에서 수여합니까? 제 기억으로는 거의 찾을 수 없습니다. 아니 이런 상을 찾기가 어렵습니다. 왜 그럴까요? 이런 상이 있는 나라가 좋은 나라가 아니고, 없는 나라가 좋은 나라이기 때문입니다.

최근 「장애인 등에 대한 특수교육법2008년 제정」 시행령을 살펴보면 다음과 같습니다.

제27조(통학 지원)

① 교육감은 각급학교의 장이 법 제28조 제5항에 따른 통학 지원을 원활하게 할 수 있도록 통학 차량을 각급학교에 제공하거나 통학 지원이 필요한 특수교육 대상자 및 보호자에게 통학비를 지급하여야 한다.

② 각급학교의 장은 특수교육대상자가 현장체험학습, 수련회 등 학교 밖 활동에 참여할 수 있도록 조치를 취하여야 한다.

더는 장애 자녀의 어머니가 위대한 어머니로 나타나지 않기를 바랍니다. 그저 자녀의 어머니로 살면 좋겠습니다. 장애 자녀도 잘 키우고, 어머니도 자신의 삶을 살 수 있도록 기회를 찾으면 좋겠습니다. 이를 위해 정부는 장애 자녀 어머니에게 휴식 지원, 돌봄 지원 서비스를 제공하면 더욱 좋을 것입니다. 그러면 장애 자녀 어머니도 평범하게 자기 인생을 살아갈 수 있을 것입니다.

'장애 자녀의 어머니'에 국한된 삶을 넘어서

'장애 자녀의 어머니'로만 살아가면 성장할 기회를 얻기가 어렵습니다. 그 단어에 국한된 삶을 살아갈 수밖에 없습니다. 장애 자녀 어머니 중에서 정치가도 나오고, 탁월한 경제인도 나와야 하고, 뛰어난 예술가도 나와야 한다고 생각합니다. 모든 어머니가 장애 자녀의 어머니로만 살아갈 이유는 없습니다. 이는 국가적으로도 손해라고 봅니다. 자신의 삶을 장애 자녀의 어머니만으로 제한해서는 안 됩니다. 대한민국의 여성 중 한 사람으로 살아가려는 용기가 필요하고, 도전이 있어야 합니다. 이를 위해서는 어머니로서도 중요하지만, 여성으로서, 한 인간으로서 갖게 된 꿈을 포기하지 말아야 합니다. 아니 포기해서는 안 됩니다.

「발달장애인의 권리 보장 및 지원에 관한 법률2014년 제정」 제정과정을 보면서 이런 생각을 해봅니다. 장애인 당사자만이 비례대표 국회의원이 되는 것이 아니라 장애 자녀의 어머니도 국회의원이 되면 좋겠다는 것입니다. 정치가로서 당당하게 서서 장애 자녀의 권리를 대변하고, 그러한 당당함 속에서 사회에 이바지하는 여성의 모습을 발견하면 좋겠다는 것입니다. 그렇게 되면 「발달장애인의 권리 보장 및 지원에 관한 법률」이 더 실효성 있게 제정되고, 그 효력이 어김없이 발휘하게 될 것이라고 기대합니다.

스스로 행복해지는 연습하기

장애 자녀의 어머니가 행복해야 가정이 행복합니다. 행복한 삶을 살 수 있는 비결은 무엇일까요? 제가 소개하는 비결도 중요하지만, 더욱더 중요한 것은 당사자의 인식 전환입니다.

"내가 행복해야 우리 가정이 행복해질 수 있다."라는 신념이 강한 어머니가 되기를 바랍니다. 이를 위해서 어머니에게 주어진 시간을 잘 관리해야 합니다. 현재는 과거보다 장애 자녀 양육을 지원하는 사회체계가 많이 마련되어 있습니다. 이러한 사회체계를 충분히 활용하면서 주어진 시간을 체계적으로 사용해야 합니다. 시간이 없는 것이 아니라 시간을 활용할 수 있다고 생각하지 못하는 것이고, 여유가 없는 것이 아니라 시간을 관리하지 못하는 것이기 때문입니다. 지금이라도 나에게 주어진 시간이 얼마나 있는가를 계산해 볼 필요가 있습니다.

"계산된 시간 일부는 한 인간으로서, 여성으로서 누려야 할 삶을 위해서 설계하시고, 투자하십시오. 그리고 그 시간을 최대한 행복한 시간으로 투자하십시오. 그럴 권리가 있다고 당당하게 주장하세요."

행복한 여성을 아내로 둔 남편은 행복할 것입니다. 그를 어머니로 둔 비장애 형제자매도 행복할 것입니다. 더 나아가 장애 자녀의 얼굴에 함박웃음이 가득할 것입니다. "위대한 어머니"로 살아가기보다 "평범하지만, 행복한 사람의 삶"을 살아가기를 결단하십시오. 그러면 행복할 것입니다.

*하루 일과를 적어보세요. 하루 중 나를 위해서 시간을 얼마나 낼 수 있을까요? 그 시간을 어떻게 '나답게' 보내고 싶은가요?

†

함께 성장할 것

장애 자녀가 있는 가정에서 특히 첫 번째 자녀에게 장애가 발견될 경우, 많은 부모님은 두 번째 자녀를 낳지 않으려고 합니다. 여러 가지 이유가 있겠지만 크게 두 가지 이유가 있습니다. 둘째도 장애 자녀이지 않을까 하는 두려움이고, 다른 하나는 장애 자녀를 잘 기르기 위해서는 그의 양육에만 전념해야겠다는 생각 때문입니다. 이러한 부모님의 생각은 충분히 이해가 됩니다. 그렇지만, 조금 길게 보면 생각을 다르게 가질 필요가 있습니다. 장애 자녀만 키우면서 일생 세 식구가 살아가는 가정과 비장애 자녀와 함께 넷 혹은 다섯 식구가 함께 살아가는 가정을 비교해 보아야 합니다. 인생을 길게 보고, 특히 자녀가 함께 살아가는 가정과 부모 사후에 남겨질 장애 자녀의 삶도 함께 생각하면, 어떻게 해야 하는지가 대안으로 제시될 수 있습니다.

비장애 자녀를 입양한 명수네 이야기

명수는 부모님이 결혼한 지 8년째 되어서야 힘들게 낳은 아들이었습니다. 명수는 시각장애와 뇌 손상 등 여러 가지가 불편한 아들이었습니다. 그래도 부모는 감사했습니다. 자녀가 전혀 없을 줄 알았는데 명수를 주신 하늘에 아주 감사했습니다. 비록 장애를 겪게 되었지만, 누구보다 뜨겁게 사랑하면서 키우겠노라고 다짐하였습니다.

명수가 자라면서 부모님은 더욱 열심히 살았습니다. 그러나 부모님이 느끼지 못하는 가정의 분위기를 저는 느낄 수 있었습니다. 명수를 중심으로 사랑하며 열심히 사는 가족이었지만, '웃음' 소리가 없었습니다. 부모님의 얼굴은 밝았지만, 서서히 지쳐가고 있었습니다. 저는 명수 어머니에게 조심스럽게 말했습니다.

"아빠가 집에 들어오면 명수를 너무 좋아하지요? 그렇지만 부부가 자녀를 양육하면서 가질 수 있는 평범한 희망도 생각해야 합니다. 가정에서 들려오는 일반 자녀의 웃음소리를 듣고 싶지 않나요?"

"명수도 힘들게 낳았습니다. 더 낳을 수는 없어요."

"꼭 명수 엄마가 낳아야만 되나요? 명수 엄마처럼 좋은 엄마를 필요로 하는 아이들이 많이 있어요. 한번 생각해 보세요."

삼 개월이 지났을 때입니다. 명수 부모님이 저를 찾아왔습니다.

"어제 딸을 입양했습니다. 입양한 딸이 너무 이뻐요. 그런데 저희가 명수를 소홀히 하지는 않을까요?"

저는 말했습니다.

"그럴 리 없습니다. 손가락 깨물어서 아프지 않은 손가락이 없습니다. 이렇게 좋은 부모님이 자녀를 소홀히 여길 리가 있나요?"

그 이후 명수 어머니는 저를 볼 때마다 말씀합니다.

"집 안 분위기가 달라졌어요. 명희 때문에 웃음소리가 생기고, 명희 웃음소리에 명수도 너무 좋아해요."

어느새 명희가 다섯 살이 되었습니다.

"명희가 벌써 오빠를 도우려고 해요. 명희에게도 명수가 좋은 오빠인가 봐요."

두 부모님은 초등학교에 다니는 명희와 중학교에 다니는 명수를 바라보면서 너무 행복하게 살아갑니다. 물론 자녀를 하나 기르는 것보다 둘 기르는 것이 힘들겠지요. 그러나 힘든 것 이상으로 행복을 선물로 받습니다. 지금도 명수네 집은 웃음소리가 가득한 가정으로, 눈물도 있지만 웃음으로 승화하는 가정으로 살아가고 있습니다.

다자녀 가족 장미네 이야기

장미 어머니는 체격은 작았지만, 활력이 넘치고 부지런했습니다. 하지만 여러 가지 면에서 힘들어했습니다. 대사이상으로 허리를 마음대로 조절하지 못하는 장미를 차에 태우고 내리고 하는 육체적인 일을 혼자서 다 해야 했기 때문입니다. 장미가 다섯 살이 되던 해, 저는 이런 이야기를 나누었습니다.

"장미가 나이가 들면 누구와 사랑을 나누며 살아야지요? 장미가 성장하고, 부모님도 나이가 들게 되면… 혹시 장미에게 남동생이나 여동생이 있다면 어떨까요? 언제가 부모님이 장미 곁을 떠나야 할 때, 형제가 있다면 달라지지 않을까요? 설령 장미가 후견인제도 혹은 소규모 시설에서 생활하더라도 찾아볼 형제가 있는 것과 없는 것은 다르지 않을까요?"

장미 엄마는 저와 함께 나누었던 이야기를 진지하게 고민했습니다. 흥미롭게도 앞 이야기에서 명희를 입양했던 명수 어머니도 거들었습니다. 명희를 키우면서 가정 분위기도 명수도 어떻게 달라졌는지 장미 어머니에게 수시로 이야기했습니다.

9개월 후, 저는 장미 어머니의 임신 소식을 들을 수 있었습니다. 장미 동생을 낳고 어머니는 집안 분위기가 달라지면서 장미 아버지의 귀가가 빨라졌다고 말했습니다. 또한, 두 아이를 양육하는 아내가 힘들겠다고 생각한 장미 아버지가 전보다 더 많은 역할을 하기 시작했습니다.

둘째 아이가 돌이 지났을 때 장미 어머니와 대화를 나눴습니다.

"장미 여동생에게도 일반 형제가 있어야 하지 않을까요? 그리고 장미를 혼자 돌보는 것보다는 일반 형제 둘이 함께 장미의 동생이 되고 형제가 되면 더욱 좋지 않을까요?"

이미 장미 여동생을 양육하면서 비장애 형제를 양육하는 기쁨을 맛보게 된 어머니는 장미 동생이 두 돌이 되기도 전에 셋째를 임신했습니다. 셋째도 딸이었습니다. 그렇게 갑자기 딸 부자가 되었습니다.

하루는 장미 어머니가 거꾸로 저에게 상담을 의뢰했습니다.

"이제 아들 하나 더 있으면 어떨까요?"

저는 깜짝 놀랐습니다.

"네? 그러면 자녀가 넷이 되는데… 장미 아빠와 함께 의논해 보
시죠."

그리고 셋째 딸이 18개월 되었을 때 넷째를 임신했다는 소식을 들
었습니다. 자녀가 많아지고, 가정 분위기가 달라지니까 부부 금실도
더욱 좋아지는 것 같았습니다.

두 분은 어느덧 네 아이를 키우는 엄마 아빠가 되었습니다. 그리고
감사하게도 뇌병변인 줄 알았던 장미의 신진대사가 잘 안 되는 요인을
발견하게 되었습니다. 의사의 처방에 따라 노력하니 장미의 몸이 전보
다 훨씬 나아지게 되었습니다. 어느덧 장미 동생이 초등학생이 되었습
니다. 장미 어머니는 활력이 넘칩니다. 활동 지원사 양성 교육을 받았
습니다. 장미와 아이들을 등하교시키면서 다른 가정의 장애 자녀 등하
교도 함께 지원하게 되었습니다. 장애 자녀 한 아이만 양육하는 가정
에서 보면 '상상만 해도 힘든 고생'이 되겠지요. 그렇지만 고생스러운
것 이상으로 보람과 기쁨을 맛보고 살아갑니다. 사람 사는 행복이 무
엇일까 고민해 보면 바로 이런 것이 아닐까요?

장애-비장애 형제자매 관계에서 시작되는 통합

장애 자녀가 살아가는 통합된 삶은 가정에서 시작되어야 합니다.
흔히 통합은 여러 가지 면에서 유익하다고 합니다. 그중 하나는 긍정
적이고 일상적인 자극이 주어진다는 것입니다. 사실 장애 자녀만 키

우면 그런 자극은 절대적으로 부모님이 제공해야 합니다. 하지만, 부모님이 주는 자극과 또래의 형제가 주는 자극은 질과 내용에서 다릅니다. 부모나 선생님이 주는 자극은 위에서 아래로, 다시 말하면 보다 인위적인 자극이 될 수 있습니다. 그러나 형제를 통해서 주어지는 자극은 매우 자연스러운 자극입니다. 설령 아이들이 서로 다투거나 싸우는 것도 문제행동이 아니라 긍정적인 자극입니다.

또한, 형제는 누가 뭐라고 하지 않아도 서로 돕고 도움을 받는 관계를 갖게 됩니다. 가능하면 장애 자녀에게 비장애 자녀가 둘 이상 있는 것이 좋습니다. 이렇게 되면 장애 형제를 혼자 돌보아야 한다는 부담에서 벗어날 수 있기도 합니다. 나아가 비장애 형제간의 자연스러운 자극과 반응, 비장애 형제와 장애 형제간 자극의 교류는 바람직한 성장만이 아니라 건강한 성숙에도 크게 이바지하게 됩니다. 형제들이 부모님을 통해서 받는 자극을 줄 수 없는 것처럼, 형제들이 주는 자극을 부모님이 줄 수는 없습니다. 가정에서 처음으로 경험하는 이러한 통합과 성장의 기회는 자녀들이 성장해서 사회인이 되었을 때도 매우 큰 도움이 될 것입니다.

함께 빚는 성품, 함께 빚는 행복

저는 종종 자녀의 인성교육을 위한 강의 부탁을 받습니다. 인성이 무엇일까요? 간단히 말하면 사람이 사람과 더불어 살아갈 때 필요한 성품을 말합니다. 다시 말해 서로 이해할 수 있는 마음, 싸울 수 있고 용서할 수 있는 능력, 스스로 하려는 책임감과 서로 도우려는 협동심입니다. 좋은 일만이 아니라 힘들고 어려울 때 도움을 요청할 수 있고, 또 기꺼이 도와줄 수 있는 능력도 인성입니다. 그런데 인성은 학원이나 학교에서 교육을 통해 얻을 수 있는 것이 아닙니다.

우리가 잘 아는 속담이 있지요. "세 살 버릇 여든까지 간다." 지그문트 프로이트Sigmund Freud: 1856~1939, 정신분석학 창시자는 태어나서 60개월 사이에 갖게 된 경험이 성인기를 결정한다고 하였습니다. 안토니 볼비Anthony Bowlby: 1855~1029, 애착이론 창시자는 0~36개월 사이를 결정적 시기로 보면서 '애착 관계'를 강조했습니다. 이러한 이론을 중심으로 보면 결국 가정에서의 양육이 매우 중요합니다. 특히 부모와의 사랑이 애착 관계에 결정적인 요인이라고 하면, 앞에서 말씀드린 인성은 가정 안에서 형제자매와의 관계를 통해서 이루어지는 것입니다.

장애 자녀가 어린이집이나 유치원, 학교에 갈 때, 두 명 이상의 형제자매가 함께한다는 것만큼 마음을 든든하게 만드는 것이 없습니다. 가정에서 긍정적으로 함께 자란 형제자매는 학교생활에서도 성인기에 이르러서도 가장 큰 자산이 될 수 있습니다. 결정적일 때 힘이 되어주는 사람이 있다면 누구겠습니까? 그렇습니다. 바로 형제입니다. 장애 자녀에게 이러한 형제가 있다는 것, 그리고 비장애 형제에게 장애 자녀가 있다는 것이 그렇게 불행하거나 부담스러운 것만은 아닙니다. 첫째가 장애 자녀라면 거기에서 그치지 마시고 비장애 자녀를 형제로 선물하지 않으시겠습니까? 물론 힘들겠지만, 부모님의 표정에서 먼저 웃음꽃이 피어날 것입니다.

중요한 것은 장애 자녀를 잘 키우기 위해 하나만 양육하는 것은 오히려 비장애 형제가 있는 것보다 행복하지 않을 수 있다는 것입니다. 행복하기를 원하십니까? 부모님만 책임지려고 하지 마시고 비장애 형제와 함께 아름다운 가정을 만들어 가시면 어떨까요? 상상하지 못했던 다른 분위기가 펼쳐질 것입니다.

체크아웃

*〔부부 또는 가족이 함께〕 종이에 각자 '우리 가족'을 그려보세요.

*우리 가족은 어떤 표정을 짓고 있나요? 다양하고 구체적인 말로 표현해보세요.

*내가 바라는 우리 가족은 어떤 모습, 어떤 표정인가요? 나에게 있어서 그 모습과 표정은 어떤 소중한 의미와 가치를 담고 있나요? 함께 이야기해보세요.

장애가 없는 자녀에게 더 많은 관심을

장애 형제를 둔 비장애 형제를 어떻게 잘 양육할 수 있을까요? 장애 자녀와 비장애 자녀를 함께 양육하는 것은 자녀 모두에게 긍정적인 자극을 줄 수 있습니다. 그러나 장애 자녀와 비장애 자녀를 함께 양육한다고 해서 저절로 행복한 가정이 되는 것은 아닙니다. 장애가 있는 자녀가 약하고 도움이 필요하다는 이유로 그에게만 많은 사랑을 베풀게 되면, 오히려 불행한 가정이 될 수 있습니다. 장애 자녀보다 비장애 자녀에게 1.5배의 관심을 주어야 한다고 부탁합니다. 그래야만 긴 안목에서 행복한 가정이 될 수 있습니다. 이어서 장애 자녀와 비장애 자녀를 함께 양육할 때 주의할 점을 여러 사례를 통해 소개합니다.

비장애 자녀에게 무관심하지 말 것

자폐아인 연수의 어머니는 연수의 치료와 재활에, 아빠는 직장생활에 모든 시간을 할애하고 있었습니다. 일곱 살 연수에게는 두 살 위 형인 아홉 살 연철이와 여동생인 다섯 살 연진이가 있었습니다. 어머니는 둘은 건강하니까 자기 일을 스스로 하라고 늘 권고했습니다. 그리고 한 번도 연철이와 연진이의 요구에 대응하는 일이 없었습니다.

어느 날 마침 엄마가 집에 있었습니다.

"엄마, 라면 끓여주세요!"

연철이와 연진이가 일제히 말했습니다. 그러자 엄마는 이렇게 답했습니다.

"엄마는 바빠. 그 정도면 너희들 스스로 할 수 있지 않겠니?"

늘 이런 식이었습니다. 연철이와 연진이는 엄마 손을 잡았던 때, 함께 동네 놀이터에 갔던 적이 기억나지 않습니다. 오늘도 엄마 손을 잡고 시장을 가는 옆집 경제가 너무 부럽습니다. 가끔 연철이와 연진이는 이렇게 말합니다.

"우리는 고아인가 봐!"

갈등이 있을 때 장애 자녀의 편만 들지 말 것

어느 날, 연철이가 공부하는데 연수가 다가와서 책을 빼앗으려고 했습니다. 연철이는 책을 빼앗기지 않으려고 애를 썼습니다. 그러자 연수는 분이 가득해서 책을 강제로 뺏으려다가 책을 찢고 말았습니다. 그리고는 그 자리에 앉아서 울었습니다. 이때 엄마가 와서 연철이를 야단쳤습니다.

"연철아, 너는 형이잖아! 왜 동생을 울리고 그래?"

"연수가 내 책을 빼앗으려고 했어. 그리고 책을 찢었어!"

그러나 엄마는 연철이의 말은 듣지도 않았습니다. 단지 울고 있는 연수를 달래기 위해 연수를 안고 안방으로 갔습니다.

며칠 후, 연수는 여동생 연진이가 가지고 놀고 있는 장난감을 가져가려고 했습니다. 연진이는 오빠를 피해서 장난감을 가지고 도망가려고 했습니다. 그러나 비호같은 연수에게 장난감을 빼앗기고 말았습니다.

"엄마, 오빠가 장난감 빼앗아 갔어! 잉잉잉~"

연진이는 방바닥에 앉아서 울었습니다. 엄마는 울고 있는 연진이에게 와서 한마디 했습니다.

"연진아, 오빠가 달라고 하면 주지. 왜 안주고 오빠와 싸워?"

엄마는 울고 있는 연진이를 달랠 생각보다는 연수의 기분이 어떨까 하면서 눈을 맞추지 않는 연수만 바라보고 있었습니다. 속상해하면서 말이지요.

비장애 자녀에게 책임을 강요하지 말 것

부모님은 연철이와 연진이를 낳기 잘했다고 생각합니다. 부모님이 세상을 떠나면 형 연철이와 여동생 연진이가 연수를 잘 돌볼 것이라고 기대합니다. 그래서 틈만 나면 연철이와 연진이에게 연수를 잘 돌보라고 말합니다.

기분이 좋을 때는 이렇게 말합니다.

"연철아! 연수를 잘 돌보아야 해. 이 세상에서 연수를 가장 오랫동안 지켜줄 사람은 형인 연철이밖에 없어!"

"연진아! 연철 오빠와 함께 연수 오빠를 잘 돌보아야 해. 엄마 아빠가 나이가 들어서 세상을 떠나면 연수 오빠에게는 너희밖에 없잖아! 그렇지?"

그렇지만, 엄마 아빠가 화가 나면 연철이와 연수에게 고함치듯이 말합니다.

"내가 뭐라고 그랬어. 연철이, 연진이. 연수를 잘 돌봐야 한다고 했잖아. 우리가 죽으면 누가 연수 옆에 있어야 할 것 같아? 너희 밖에 없잖아. 그런데 왜 자꾸 싸워? 그러면 되겠어?"

연철이와 연진이는 행복할까요? 남매가 행복하지 않은데, 연수와 엄마 아빠는 행복할까요? 이처럼 많은 장애아 부모님들이 비장애 형 제에게는 무관심이나 과도한 부담감을 주고, 장애 자녀에게는 무한한 사랑을 베풉니다. 분명 나이 어린 연철이와 연진이가 힘들어하고 아파 하는 것을 알면서도 어쩔 수 없다고 말합니다.

"그러면 어떻게 해요. 연수가 약한데…. 건강한 연철이, 연진이 가 감당해야지요."

과연 이런 방법밖에 없을까요? 이렇게 일방적인 태도로 비장애 자 녀를 양육하면 후에 아이들이 장애 형제에 대해서 어떤 생각을 하게 될 까요? 그리고 부모님에게는 어떤 마음을 가질까요?

모 방송국에서 「장애 가족의 그늘」이란 프로그램이 방송된 적이 있습니다. 앞에서 소개한 연철이네와 같은 방식으로 양육 받는 비장애 자녀들이 충격적인 이야기를 했습니다.

"저는 연수가 죽었으면 좋겠어요."

"연수를 어디 다른 데 보내고 우리끼리 살았으면 좋겠어요."

비장애 자녀들이 이렇게 말하는 소리를 들으면서 부모님들은 그저 눈물만 흘리고 있었고, 더욱 놀라운 것은 이러한 와중에도 부모님의 눈길은 장애 자녀에게만 향하고 있었습니다. 마치 모든 것을 포기한 채 말이죠.

비장애 자녀에게 적극적으로 사랑과 지지를 표현할 것

뇌병변 장애아인 철민이의 형 철규와 이야기를 나누었습니다.

"저는 우리 철민이가 너무 좋아요. 철민이가 얼마나 사랑스러운지 모르겠어요."

"철민이가 왜 그렇게 좋으니?"

"우리 엄마 아빠는 철민이를 돌보는 일도 바쁠 텐데 항상 제 옷을 먼저 사주시고, 그다음에 철민이 옷을 사주세요. 때로는 '철민이는 형의 것을 입어도 돼!'라고 하세요."

"가끔 철민이와 다툴 때는 어떠니?"

"엄마는 매일 내 편만 들어줘요. 사실 내가 잘못을 했을 때도 철민이가 잘못했으니 용서하라고 하세요. 그래서 제가 부모님께 말씀드려요. '철민이 잘못이 아니에요. 제가 잘못한 거예요'라고요. 저는 철민이가 빨리 일어나서 같이 공놀이했으면 좋겠어요. 그때까지 제가 철민이의 공부도 도와주려고 해요."

철규를 통해서 두 아이를 대하는 부모님의 태도를 들을 수 있었습니다. 부모님은 장애가 있는 철민이 보다 오히려 철규에게 더 많은 칭찬, 더 많은 사랑, 더 많은 지지를 보내고 있었습니다. 물론 철민이를 내버려 둘 수는 없지요. 철민이를 돌보는 시간이 많았지만, 철규와 철민이의 관계에 대해서는 의지를 다지고 형 철규 편에 서 있었습니다. 철민이를 사랑한다고 자랑스럽게 이야기는 하는 형 철규의 모습을 보면서 부모님은 입가에 미소를 가득 담고 있었습니다.

비장애 자녀에게 집중하는 시간을 만들 것

자폐아 현민이의 아버지는 형 현철이와 동생 현민이 각각을 위한 시간을 따로 정해놓고 집중하는 방식으로 아이들을 양육하고 있습니다. 처음부터 그랬던 것은 아닙니다. 아버지는 어느 날 현철이만 야단을 치고, 현민이에게는 무한한 사랑을 베풀고 있는 자신을 발견했습니다. 같은 어린 아들인 현철이가 차별을 받고, 의기소침해하는 모습을 발견했기 때문입니다. 그래서 현철이 아버지는 아내와 이러한 현실에 대하여 의논하고 함께 대책을 세웠습니다.

월요일부터 금요일까지 아빠는 자폐아 현민이를 돌보고, 엄마는 현철이에게 더 많은 관심을 주기로 했습니다. 토요일과 일요일에는 바꿔서 아빠가 현철이와 함께 시간을 보내고, 엄마는 현민에게 관심을 더 주기로 했습니다. 한 달에 한 번은 반드시 모두가 함께 소풍을 가기로 했습니다.

이렇게 양육하다가 어느새 현철이가 초등학교 4학년이 되었습니다. 아빠는 현철이가 축구를 좋아한다는 것을 알게 되었습니다.

　　"현철아, 너 축구 하고 싶니? 그러면 축구팀에 들어가는 것은 어
　　때? 축구팀에 가면 기숙사에서 생활해서 종종 엄마 아빠와 떨어
　　져서 살아야 해."

　　현철이는 이 제안을 좋아했습니다. 현철이가 기숙사에 들어가면
부모님은 현민이에게 집중합니다. 현철이가 집으로 오면 기존의 방식
대로 현철이와 현민이를 번갈아 가면서 돌보았습니다.

　　이제 현철이가 중학생이 되었습니다. 현철이는 더는 축구를 하지
않습니다. 그러나 동생 현민이를 돌보면서 이 세상에 둘도 없는 형제
로 살아갑니다.

　　아버지는 말씀합니다.

　　"제가 동생 현민이를 돌보면서 형 현철이를 차별하고 있는 것을
　　빨리 알게 된 것이 큰 도움이 되었습니다. 아마 제가 그때 빨리
　　알아차리지 않았으면 현철이도, 현민이도 저렇게 사이좋게 지
　　내지는 못했을 것입니다. 아니 우리 부부도 행복하지 않았을 것
　　입니다. 그때 생각만 해도 끔찍합니다. 지금 너무 좋습니다."

　　이 부모님은 장애 자녀와 비장애 자녀를 양육하는 방식을 스스로
돌아볼 수 있었고, 양육방식을 바꾸었던 것입니다. 장애 자녀에게만
몰두했던 것이 잘못되었다는 것을 알고 나서 사랑과 관심의 비중을 오
히려 비장애 자녀에게 쏟았던 것입니다.

　　때로는 약한 장애 자녀에게 더 많은 사랑을 주어야 하지 않나 싶었

지만, 결론은 반대였습니다. 오히려 비장애 자녀에게 사랑을 쏟을 때, 그가 자발적으로 장애 형제에게 사랑을 베풀게 된 것입니다. 가족 구성원 모두가 장애와 관계없이 서로 사랑하는 가족 구성원이 된 것이지요. 이러한 가족이 행복하지 않을까요?

사랑은 타이밍

아이들이 어릴 때는 장애 자녀보다 비장애 자녀에게 1.5배의 사랑을 나누어 주세요. 사춘기가 지나고 5:5의 비율로 동등하게 사랑을 나누게 되면 훨씬 행복한 가정이 될 것입니다.

끝도 없이 장애 자녀보다 비장애 자녀에게 사랑을 베풀라는 것은 아닙니다. 엄밀히 말하면 0~60개월, 나아가 사춘기에 이를 때까지 비장애 자녀도 똑같은 자녀요, 부모의 사랑을 절대적으로 필요로 하는 시기입니다. 이때 사랑을 주어야 합니다. 그리고 사춘기가 지났을 때, 동등하게 대하면 될 것입니다. 이렇게 하면 사랑을 받은 비장애 자녀가 성숙해져서 장애 형제를 부모 이상으로 사랑하게 될 것입니다. 저는 이러한 자녀 양육이 후견인제도 보다 더 중요하다고 생각합니다. 우리 모두 행복한 가정을 이루기를 바랍니다.

*아이의 얼굴을 가만히 들여다 본 게 언제인가요?

*아이와 마주 앉아 10초 정도 서로를 지그시 바라보며 전하고
싶은 마음을 눈으로, 표정으로 전달해보세요. 그리고 어떤
마음이 전달되었는지 서로 이야기해보세요.

†

자녀의 권리 존중은 가정에서부터

모든 사람은 인간으로 존중받아야 할 권리를 가지고 있습니다. 장애인도 그러하고, 장애 자녀는 더욱 그러합니다. 그런데 다른 사람이 우리 자녀의 인권에 대하여 침해를 하면 대단히 분개하지만, 가정에서는 의외로 장애 자녀의 인권에 대하여 무관심한 때가 있습니다. 특히 자녀를 소유물로 생각하여 부모님 마음대로 조종하려고 합니다. 무엇보다 기억해야 할 것은 인권을 존중하는 것은 사람으로서의 가치를 존중하는 것입니다. 인권의 존중은 가정에서부터 출발해야 합니다. 그래야 다른 사람도 장애 자녀를 존중하는 법을 배울 수 있습니다.

자녀에게 선택과 결정의 기회를

두 가정의 사례를 통해 장애 자녀의 인권에 관해 이야기하려고 합니다. 먼저 재필이네의 사례입니다.

재필이 아버지는 매우 좋은 분이었습니다. 재필이가 사고로 다리의 기능을 잃었을 때, 아버지는 기쁜 마음으로 아이에게 필요한 일 하나부터 열까지 모두 알아서 다 해주었습니다. 그런데 여기서 문제가 생겼습니다.

아버지는 아이의 의사보다는 본인의 결정이 더 중요했습니다. 재필이가 바깥에 나가고 싶다고 해도, 친구들과 놀고 싶다고 해도, 아이가 하고 싶은 일보다는 아이에게 필요하다고 생각하는 일에만 관심을 기울였습니다. 재필이는 어떻게 아버지 없이 할 수 있을까 고민합니다. 이러한 고민은 점점 더 깊어져만 갑니다.

반대로 아버지는 '나 없으면 재필이는 어떻게 하지?' 하고 고민합니다. 게다가 재필이가 하려고 하는 것조차 "네가 뭘 하려고 해, 내가 다 해줄게"라는 식으로 대합니다. 재필이가 하는 것이든 아내가 하는 것이든 무엇이든지 당신 마음에 들어야 합니다. 아버지 마음에 흡족하지 않으면, 다 잘못되었다고 합니다.

다음으로 혜선이네를 살펴보겠습니다. 혜선이 어머니는 혜선이가 아무것도 할 수 없다고 생각했습니다. 그래서 아이의 손과 발이 되어 주어야겠다고 생각했습니다. 늘 혼자 이렇게 다짐합니다.

'내가 살아 있는 동안 나는 없어. 나는 혜선이의 전부가 되어야 해.'

옷을 사는 것도, 먹을 것을 선택하는 일도 어머니가 독단적으로 결정합니다. 세 종류의 재활 치료 서비스도 어머니가 선택했습니다. 혜선이는 모든 것을 다 해주는 어머니를 좋아하지만, 때로는 귀찮을 때도 있습니다. 혜선이 혼자 하고 싶은 일이 있어도 할 수 없기 때문입니다. 종종 어머니가 외부활동으로 자리를 비울 때면, 혜선이는 늘 집에 혼자 있어야 합니다.

재필이 아버지와 혜선이 어머니는 전적으로 아이를 도우면서 늘 불안해합니다. '내가 하는 것이 옳을까? 내가 하는 것이 아이에게 도움이 될까?' 하는 것입니다. 고민하면서도 아이의 곁을 떠날 수 없습니다. 그저 죽는 날까지 아이를 위해서 최선을 다하는 것이 부모의 도리라고 생각하기 때문이지요. 그러나 재필이의 선택, 혜선이의 자기 결정권은 어디에 있을까요? 그리고 부모님이 끝까지 책임을 질 수 있을까요?

자녀와 의사소통하는 연습

"넌 어떻게 생각하니? 명국아, 이것은 어때? 마음에 들어?"

자폐아 명국이의 부모님은 명국이에게 자주 묻습니다. 부모님은 어떻게 하면 명국이가 행복해할까를 늘 고민했습니다. 아이를 위해서 최선을 다해야겠다고 생각했습니다. 그런데 어느 날, 아이가 힘들어하고 축 처져있는 모습을 보게 되었습니다. 사실 부모님도 힘들기는 마찬가지였습니다. 서로 최선을 다했지만, 힘들어하는 모습을 보면서 정말 이것이 최선인지 고민했습니다. 그리고 함께 의논했습니다.

앞으로는 가능하면 무엇인가 하기 전에 명국이에게 물어보기로 했습니다. 맨 처음에는 힘들었습니다. 아이의 반응을 읽을 수 없었기 때문입니다. 하지만 노력하면서 명국이가 힘들어하면 그 어떤 일도 하던 것을 멈추었습니다.

어느 날부터인가 명국이의 표정에서 반응을 읽을 수 있었습니다.

어느 치료실은 가기 전부터 좋아하고, 다른 치료실은 가기 전부터 싫어했습니다. 이런 식으로 아이에게 물어보고, 표정 반응을 통해서 해야 할 일과 중단해야 할 일을 결정했습니다. 어느새 명국이가 여덟 살이 되었습니다. 이젠 단순한 의사소통을 할 수 있습니다. 명국이는 자신의 의사를 존중하는 부모님과 의사소통하기를 좋아합니다.

예전에는 부모님이 혼자 독백한다고 생각했지만, 사실은 그렇지 않았습니다. 명국이의 의사를 분명히 확인할 수 있었습니다. 표정과 행동에서, 명국이의 짧은 대답을 통해서도 뜻을 정확하게 파악할 수 있었습니다. 지금은 학교 선생님에게 명국이와 의사소통하는 방법에 대하여 설명해줍니다. 아이가 무엇을 좋아하고, 무엇을 직접 하고 싶어 하는지에 대해 어느 정도는 알고 있습니다. 그리고 스스로 할 수 있도록 맡깁니다. 설령 실수하더라도 말입니다.

명국이 부모님은 말합니다.

"명국이는 실수한 적이 없습니다. 단지 해보려고 시도를 많이
한 적은 있지만요."

그렇습니다. 명국이는 실수도, 실패도 하지 않습니다. 다만 끊임없이 해보려고 노력을 하는 것이지요. 스스로 해보려고 하는 시간이 길어질수록 부모님은 쉴 수 있는 시간이 많아집니다. 그리고 마음 깊이 즐거움이 많아집니다.

"잘한다. 명국아, 더 해봐!"

모든 것을 해볼 권리

필수 어머니가 깊이 깨닫게 된 것이 있습니다. 시각장애인 필수에게도 모든 것을 해볼 권리가 있다는 것입니다. 그래서 가능하면 모든 과정에 필수를 참여시키려고 하고, 또 설명해줍니다.

아이에게 시각장애가 있다는 사실을 알게 된 순간부터 무엇을 할 수 있을까 고민했습니다. 하지만 바깥에 나가는 것은 위험해서 안 되고, 다른 친구들과 지내는 것은 놀림을 당할까 봐 두려워했습니다. 필수에게는 일반 아동과는 다른 특징이 있어서 할 수 있는 분야도 다르다고 생각했습니다. 물론 필수는 점자를 배워야 했습니다. 흰 지팡이 케인cane을 잡고 보행하는 훈련도 해야 했습니다. 그러나 이런저런 것을 배우고 훈련했어도 사용할 기회가 없었습니다. 필수가 여러 활동에 참여하는 것에 제한을 두었기 때문입니다.

그런데 TV를 통해 장애인들의 삶을 보면서 부모님은 생각을 바꾸게 되었습니다. 필수가 할 수 없는 일보다 할 수 있는 일이 더 많다는 것을 알게 되었습니다.

"우리는 왜 필수가 할 수 없을 거라고 생각했지?"

부모님은 사고에 전환이 필요함을 깨달았습니다. 그 이후로 필수에게 여러 가지를 해보고 싶은지 물어보았습니다.

"필수야, 미끄럼틀 타볼래? 필수야, 그네 타볼래? 필수야, 정글짐에서 놀아볼래?"

필수는 경험한 것이 별로 없었고, 해본 일들이 손꼽을 정도였기 때문에 항상 되물었습니다.

"미끄럼틀이 뭐야? 그네가 뭐야? 정글짐이 뭐야?"

부모님 눈에는 미끄럼틀, 그네, 정글짐 모두 하나같이 위험해 보였습니다. 그런데 신기한 것은 필수는 '앞을 보지 못하기 때문에' 두려움이 없었습니다. 그래서 항상 대담하고 자신 있게 답했습니다.

"엄마, 해볼래. 아빠, 할 수 있어. 엄마 아빠, 할 수 있게 해줘!"

위험하다고 생각하는 것은 겁이 많은 부모님이지, 필수에게는 두려울 것도 무서울 것도 하지 말아야 할 것도 없다는 사실을 배웠습니다. 이제 필수를 통해서 '담대함'을 배운 부모님은 더욱 용감해졌습니다.

"필수야, 수영해볼래? 필수야, 등산갈까? 필수야, 아빠랑 같이 축구 할까?"

필수는 할 수 없다는 생각이 사실은 아이의 권리를 침해하고 무시했던 것이었습니다. 이제 부모님은 아이와 함께 어디든지 갑니다.

사랑은 소유가 아니라 존재의 독립성을 인정하는 것

인권의 가장 중요한 핵심은 '자기 결정권'입니다. 이는 장애 자녀의 인권에 매우 기본적인 개념입니다. 인간은 누군가를 대신하여 살 수 없고, 대신하여 결정할 수 없습니다. 누구든 가능한 범위 내에서 최대한 자기 결정을 할 수 있어야 합니다.

모두가 자기 자녀를 사랑한다고 합니다. 그런데 가끔 사랑한다는 말을 '소유하다' 라는 말로 이해할 때가 있습니다. '나는 내 자녀를 사랑한다. 내 자녀는 내 것이다. 따라서 내가 사랑하는 방식대로 내 마음대로 해도 사랑하는 것이다.' 물건을 사랑할 때는 그것을 소유하고 아낍니다. 그러나 사람을 사랑할 때는 물건을 사랑하듯이 소유해서는 안 됩니다.

고슴도치가 아들 고슴도치를 사랑해서 꼭 껴안습니다.

"너는 내 새끼야. 내 속에서 태어난 너는 내 것이야!"

그러나 꼭 껴안을수록 엄마 고슴도치도, 아들 고슴도치도 상처가 나고 피가 흐릅니다.

장애 자녀 대신 결정하고 희생하는 많은 부모님이 실제로는 자녀를 소유하려는 경향이 있습니다. 장애 자녀를 사랑하면, 스스로 할 수 있도록 기회를 주어야 합니다. 사랑은 소유가 아니라 지켜주는 것이기 때문입니다. 장애 자녀가 스스로 내린 결정이 부족할 수 있고, 실수할 수도 있습니다. 그러나 그것은 실패가 아니라 성장하는 기회고, 성숙할 기회입니다.

장애 자녀가 스스로 결정할 기회가 많을수록 더 많은 것을 할 수 있습니다. 바로 이것이 부모님이 기대하고 원하는 것이지요. 무엇보다 자녀가 해서는 안 될 일이 있다고 부모님 스스로 결정하지 않기를 바랍니다. 설령 해보다가 그만두더라도 그것은 장애 자녀의 권리요, 책임입니다.

자기 권리, 특히 스스로 결정할 수 있는 권리는 가정에서부터 경험해야 합니다. 실패할 권리, 성공할 권리, 사랑할 권리, 상처받을 권리, 도움받을 권리, 도와줄 권리, 모두 장애 자녀의 권리입니다.

이 권리는 부모님을 비롯한 그 누구도 침해해서는 안 됩니다. 가정에서 먼저 이 권리가 존중받을 때, 학교에서나 사회에서도 자신의 권리를 지켜나갈 수 있는 능력을 얻게 됩니다. 그러면 장애 자녀를 둘러싼 주변 사람들도 그의 권리를 존중할 것입니다. 우리 장애 자녀가 존중받는 것, 바로 이것이 부모님이 기대하는 행복이 아닐까요?

체크아웃

*〔부부 또는 가족이 함께〕우리 아이가 사람들에게 어떤 존중을 받기를 바라는지 써보세요.

*존중의 목록을 보면서 우리 가정은 어떻게 아이를 존중하고 있는지, 어떻게 존중을 시작해야 할지 함께 생각해보세요.

†

20년 미래 준비하기

저는 종종 20년 뒤의 내 모습은 어떨까 생각합니다. 언젠가는 미래가 다가오겠지요. 그런데, 살다 보면 미래가 너무 빨리 다가옵니다. 장애 자녀의 미래를 생각하고 준비하는 일은 매우 중요합니다. 보호와 지원이 필요한 성인의 삶을 살아야 하기 때문입니다. 많은 부모님이 영유아기에 치료에 전념하다가 아이가 사춘기 혹은 성인기에 이르게 되면 당황합니다. 그래서 장애 자녀를 양육할수록 미래를 준비하는 일은 중요하고, 특히 20년 앞의 미래를 꼭 생각해야 할 필요가 있습니다.

언젠가 성인이 될 자녀를 위해

현석이는 지적 장애가 있습니다. 현석이가 스무 살이 되었을 때, 부모님은 심각한 고민에 빠졌습니다. 다 성장한 아이가 갈 곳이 없다는 것을 알게 되었기 때문입니다. 부모님은 무엇을 해야 할지 어찌할 바를 몰랐습니다.

어렸을 때는 현석이 치료에만 치중했습니다. 많은 돈을 들이고, 때로는 빚도 내서 치료실을 다녔습니다. 치료되는 줄 알았지요. 그러다 특수학교에 입학했습니다. 그제서야 치료가 안 된다는 것을 비로소 알았습니다. 부모님은 장애인이 된 현석이에 대한 희망을 접었습니다. 현석이가 학교에 다니는 것만으로도 잘되었다고 생각했습니다.

그런데 세월이 왜 이렇게 빠르게 흐르지요? 특수학교에 입학한 지 12년이 이렇게 빨리 지날 줄은 몰랐습니다. 늘 치료실 다니는 어린아이인 줄 알았는데, 어느새 성장해서 부모님보다 키가 클 줄은 꿈에도 생각하지 못했습니다. 성년이 된 현석이를 바라보면서 세월의 무상함을 생각합니다. 한편으로는 아이가 대견하기도 했습니다.

그런데 문제는 특수학교 고등학교 과정 졸업식 때 벌어졌습니다. 현석이 부모님은 그날을 이렇게 기억합니다.

"우리 현석이 고등학교 졸업식 때 어땠는지 아세요? 조용했습니다. 우울했습니다. 졸업식인지, 입학식인지도 잘 모르는 것 같이 즐거워하는 현석이. 그리고 내일부터 아이를 집에 데리고 살아갈 생각을 하면서 답답해하는 다른 부모들. 일부 부모는 보호 작업장에 갈 수 있게 되었다고 좋아하지만… 글쎄요."

일반 고등학교 졸업식과 전혀 다른 분위기였습니다. 현석이 아버지는 그렇게 스무 살이 된 발달 장애 자녀를 둔 부모의 마음을 담담하게 전했습니다.

미래 상상하기

홍규는 대학생이 되었습니다. 장애인 특례입학제도에 의해 4년제 대학에 입학한 것입니다. 어머니는 홍규를 데리고 개강 첫날 교실에 오셨습니다. 저는 어머니에게 여쭈었습니다.

"홍규가 대학에 입학했는데, 앞으로 계획이 무엇입니까?"

어머니는 아직도 앞이 캄캄하다고 했습니다.

"갈 곳이 없어서 대학에 왔습니다. 이렇게 다 자란 아이를 그저
집에 데리고 있을 수는 없잖아요?"

시간이 흘러 약 2년 후, 어머니가 함께 식사하자고 요청해왔습니
다. 식사하면서 홍규에 대한 포부를 나누었습니다.

"홍규가 졸업하면 시골에 사놓은 땅에서 농사를 지으면서 지내
려고 합니다."

"홍규만이 아니라 다른 발달장애인도 함께하면 어떨까요? 사실
농사가 쉬운 일이 아닙니다. 전문적인 일이거든요."

"어떻게 다른 친구들까지…"

홍규 어머니의 얼굴이 어두워졌습니다.

"우리 홍규는 다른 지적 장애 친구보다 일상생활이나 의사소통
능력이 조금 낫습니다. 그래서 세월이 지나면 혼자 잘할 수 있다
고 생각했습니다. 대학교에 들어올 때만 해도 별 준비를 안 했
는데… 졸업을 앞에 두고 나니까 세상이 혼자 사는 게 아니네요.
다른 장애 자녀 부모님에게 꼭 말해주고 싶어요. 미리 준비하는
것이 좋겠다고요."

대한민국에서 장애 자녀를 데리고 살아가는 부모님의 고민과 번
민이 끝이 없다는 것을 다시 확인했습니다. 다른 친구들은 성인이 되

었을 때 독립을 꿈꾸는데, 장애 자녀들은 독립을 꿈꿀 수 없는 이 현실 속에서 고민만 쌓여갑니다.

그래도 홍규 어머니는 제 곁을 떠나면서 이같이 말했습니다.

"그래도 우리 아이는 형편이 좋아요. 다른 부모님들은 얼마나 더 걱정이 많겠어요. 하지만 지금이라도 늦지 않다고 생각합니다. 다른 장애 친구들과 함께 하는 것도 생각해 볼게요."

더는 저에게 연락이 오지 않았습니다. 아마 홍규 어머니는 아름다운 계획을 세워서 실행에 옮기려고 노력하고 있을 것입니다.

멀리 바라보는 지혜

성철이 아버지와 혁구 아버지는 아이들이 어렸을 때부터 스무 살 이후의 삶을 생각하며 준비해왔습니다. 혁구와 성철이가 네 살 때, 두 아버지는 복지관에서 우연히 만났습니다. 마침 아내들이 일이 생겨서 할 수 없이 아이를 데리고 간 복지관에서 수많은 어머니 사이에 외로운 두 남자였던 그들은 자연스럽게 통성명을 하고 인사하게 되었습니다.

이것이 계기가 되어 만남은 종종 계속되었고, 성철이와 혁구의 미래에 대해 함께 의논하게 되었습니다. 복지관에 오고 가는 다른 발달장애인들을 같은 시선으로 바라보면서 아이들의 미래를 생각하게 되었습니다. 그래서 두 사람은 막연하지만, 자그마한 준비를 하기로 했습니다. 그것은 다름 아니라 혁구와 성철이 이름으로 통장을 만드는 것이었습니다.

"우리 혁구가 스무 살이 되었을 때 가장 필요한 것이 돈이 아니겠어요? 세상이 어떻게 바뀔지도 모르고…"

성철이 아버지도 말했습니다.

"모르긴 몰라도 성철이가 살아가야 할 작은 집이나 혹은 일터가 있어야 할 텐데… 작더라도 부모인 우리가 먼저 정기적으로 성철이 이름으로 저축하기로 했습니다. 얼마가 될지 모르지만, 준비하지 않은 것보다 낫지 않겠어요?"

성철이와 혁구는 이제 고등학교 특수학급에 다니고 있습니다. 두 아버지는 여전히 아이들을 위해 통장에 돈을 입금하고 있습니다. 저는 물어보았습니다.

"얼마나 되는 돈이 저축되었습니까?"

그러자 두 분 모두 이구동성으로 말했습니다.

"얼마인지 모릅니다. 그저 저축합니다. 우리 돈이 아니고 성철이와 혁구 돈이니까요. 둘이 졸업하고 나면 얼마가 되는지 그때 알겠지요. 그러나 지금 준비 안 하면 그때는 더욱 어려울 것입니다."

잠시 후에 혁구 아버지는 한 가지 더 말씀하셨습니다.

"사실 욕심을 더 부렸습니다."

"아니, 무슨 욕심을 더 부리셨습니까?"

"혁구 통장에 매월 후원하는 사람이 많습니다."

"어떻게 그렇게 되셨습니까?"

"혁구 삼촌, 이모, 고모, 그리고 저와 아내 친구들에게 부탁했지요. 일부러 보육원이나 시설에 후원도 하는데 사랑하는 조카를 위해서 세금 낸다 생각하고 후원을 하라고 부탁했습니다. 맨 처음에는 고개를 갸우뚱하던 사람들도 이제는 적극적으로 후원을 합니다. 그래서 혁구 통장에는 매달 30명 정도 되는 사람들이 정기적으로 후원을 합니다."

아마 부모님들은 비록 적은 돈이지만, 장애 자녀들이 스무 살이 되었을 때를 위해 통장을 만들고 예금하기를 잘했다고 생각할 것입니다. 오늘만 보지 말고 멀리 바라보면서 준비하는 지혜가 필요합니다.

치료만큼이나 중요한 자녀의 미래 설계

정구 어머니와 순자 어머니는 부모 교실에서 강의를 듣고 충격을 받았습니다.

"장애는 병이 아닙니다. 평생 지원해야 하는 재활이 필요한 것입니다."

그동안 치료에 전념해 왔는데, 병이 아니라 장애라니? 이 강의를 들은 어머니들은 좌절했습니다. 하지만 5개월쯤 지났을 때 어쩌면 그동안 잘못 생각했던 것일지도 모른다는 판단으로 모종의 결단을 내렸습니다.

"저희가 결단을 내린 것은 이것입니다. 우리 아이들과 같은 친구들이 어떻게 성장하고, 어떠한 모습으로 살아가고 있는지를 보고 싶었습니다. 그래서 장애인복지관, 보호작업장 등에 쫓아다니기 시작했습니다."

두 분은 혼자 다니기가 뻘쭘해서 같이 다녔습니다. 복지관, 보호작업장을 돌아보면서 정구와 순자의 미래를 상상해 보았습니다. 그리고 한 가지를 깨달았습니다.

'교육, 그것도 직업교육이 중요해!'

그 후로 관심을 가지면서 아이를 관찰하기 시작했습니다.

'우리 아이가 무엇에 관심을 많이 가지는가?

'우리 아이가 무엇을 가장 좋아하는가?'

'우리 아이가 무엇을 제일 하고 싶어 하는가?'

다른 선생님이나 세미나를 통해서 열심히 상담하고 배웠습니다. 치료가 아니라 자녀의 재질, 소질을 파악하는 데 관심을 돌리기 시작하니까 아이의 장점과 재능이 보이기 시작했습니다. 나아가 아버지들도 직장 상사들과 함께 의논하고 연구했습니다.

이제 정구와 순자는 스물세 살이 되었습니다.

"얼마 전부터 정구는 마술을 배우겠다고 합니다."

"순자는 빵을 만들어 보겠다고 합니다."

덕분에 정구 어머니도 간단한 마술을 쉽게 할 수 있게 되었습니다. 순자 어머니도 제과제빵 학원에 다니기 시작했고, 취미도 생겼습니다. 최근 두 어머니는 자그마한 꿈을 가지게 되었습니다.

"정구는 마술을 하고, 순자는 빵을 만들어서 다른 장애인 친구들과 어린아이들, 그리고 어르신들을 위해서 봉사하고 싶습니다."

전에는 정구와 순자의 미래를 고민했지만, 이제는 나아가 어떻게 다른 사람을 도울까 고민합니다. 덕분에 비장애인들도 많이 만나고, 그들에게 사랑받는 자녀들을 보면서 어머니들은 마음이 뿌듯합니다.

행복 계획하기

장애 자녀의 미래를 생각하면서 평생 설계를 해보는 것도 유익합니다. 막연하게 오늘 치료에 매진하다가 자녀가 성인기가 되면 그때는 당황하고 절망하게 됩니다. 지금 펜과 종이를 꺼내놓고, 부모님이 함께 미래를 위하여 차근차근 평생 설계를 해보면 좋을 것입니다. 비장애 형제들과 장애 자녀들이 함께 아이디어를 짜내는 시간을 갖는 것도 좋겠습니다.

설령 계획대로 되지 않아도 좋습니다. 막연하게 생각하기보다는 실질적인 준비를 하면서 미래를 그려보고 오늘을 살아가는 것은 행복을 맞는 좋은 방법이 될 것입니다.

*〔부부 또는 가족이 함께〕아이의 미래를 가족 모두가 함께
  상상해보세요.

*그 미래를 위해 구체적으로 어떤 것이 필요할까요?

*지금 할 수 있는 것은 무엇일까요?

†

부모의 자긍심

부모님이 자기 자신을 얼마나 자랑스럽게 여기는지는 가정의 행복에 매우 중요합니다. 자신이 죄인이 아니라 대단한 존재라는 사실을 확신하는 정도에 따라서 가정의 행복이 결정됩니다. 부모 자신의 자긍심, 자존감이 낮으면 가정의 행복지수도 낮아집니다. 반대로 자존감이 높으면 가정의 행복지수가 높아집니다. 특히 장애 자녀를 양육하는 부모님은 다른 부모님이 할 수도 없고, 하지도 못하는 일을 기꺼이 해내는 분입니다. 자긍심, 자존감이 낮아야 할 이유가 전혀 없습니다. 오늘 이야기를 통해서 우리의 행복지수를 높이려고 합니다.

나 자신을 사랑하시나요?

정구 어머니는 한 번도 멋을 낸 모습으로 저를 찾아온 적이 없습니다. 어머니의 패션은 항상 "대충 패션"입니다. 그래서 저는 종종 이야기합니다.

"멋지게 차려입고 다니세요!"

그런데 나오는 대답은 늘 한결같습니다.

"장애 자녀를 둔 엄마에게 패션이 어디 있습니까?"

마치 장애 자녀 어머니는 멋진 옷을 입으면 안 된다는 생각이 있는 것처럼 보입니다. 하지만 정말 그럴까요? 정구 어머니가 이렇게 대답을 하면, 많은 분이 이구동성으로 대응하실 거예요.

"그런 게 어디 있어요?"

그런데 반대로 또 적지 않은 분들이 이렇게 말씀하실 거예요.

"맞아, 맞아."

실제로 장애 자녀 때문에 예쁜 옷을 입고 다닐 수 없다고 생각하시는 분들이 의외로 많습니다. 왜 그럴까요? 근본적으로 부모님 자신은 아래 질문에 스스로 대답해야 합니다.

"나 자신을 사랑하고 있는가?"

한번 생각해 보세요. 여기에 실마리가 있습니다.

행복의 연금술

수동이 부모님은 수동이 자랑에 여념이 없습니다.

"오늘은 수동이가 라면을 끓였어요"

"아니 수동이가 어떻게요?"

"물론 내가 많이 도와주었지요. 그런데 수동이가 못 하는 것이 없어요. 물도 잘 맞추고요. 물이 끓을 때 그 순간 라면을 탁하고 넣지 않습니까?"

"라면은 타이밍이 중요한데."

"맞습니다. 수동이 녀석도 '아빠, 라면은 타이밍이야. 이게 중요해!' 라고 해요."

수동이 엄마는 더 재미있습니다.

"수동이가 나의 코디네이터예요."

"뭐라고요?"

"수동이는 제가 외출을 하면 이 치마를 입어라, 핑크 스카프를 해라, 잔소리가 심해요."

"아니, 그래서요?"

"수동이가 하라고 하는 대로 입고 가면 다들 그래요. 독특하다고요!"

"옷이야 자기표현이지요. 독특하게 표현하는 것이 맞지요. 수동이 대단한데요!"

수동이 부모님은 수동이 자랑에 하루하루 행복하게 삽니다. 자세히 보면 아이를 자랑하는 것인지, 부모님 자신을 자랑하는 것인지 구분이 되지 않습니다. 이 부모님은 분명 자존감이 높습니다. 자신을 너무 사랑합니다. 그래서 장애 자녀 수동이를 사랑하는 모습도 대단합니다. 요즘에는 이렇게 말합니다.

"지적 장애 수동이, 우리가 아니면 누가 기릅니까? 우리 부부처럼 서로 사랑하고 행복한 부부만이 기를 수 있지요. 수동이가 우리 자녀가 되어서 진짜 사랑하는 법을 배웁니다. 진짜 행복이 무엇인지를 수동이를 통해서 배웁니다. 아이의 작은 행동 하나로 우리 가정은 늘 웃음과 감격이 넘치거든요."

자긍심이 높은 수동이 부모님을 보면서 행복의 열쇠, 행복의 연금술을 배웁니다. 이런 부모를 둔 수동이가 어찌 행복하지 않을 수 있을까요?

흔하지 않아서 소중한 당신

장애 자녀의 부모가 되는 것은 선택의 문제가 아니지요. 그러나 장애 자녀의 부모가 된 것을 자랑하고 자긍심을 갖는 것은 선택의 문제입니다. 행복! 선택할 수 있습니다.

장애 자녀의 부모가 된 것이 죄 때문이라고 생각하시나요? 지구상에 죄 없는 사람이 있을까요? 아마 "당신은 효자입니까?"라고 물으면 모두 "나는 불효자입니다"라고 대답할 것입니다. 죄 없는 사람 없지요. 만일 자녀의 장애가 부모의 죄 때문이라면 모든 사람에게 장애가 있을 것입니다.

그러나 현실은 그렇지 않지요. 장애는 아무에게나 주어지지 않습니다. 감당할 만한 사람에게 주어집니다. 아무나 장애 자녀의 부모가 되는 것이 아닙니다. 우리나라에서 지적 장애, 발달 장애의 발생률은 1% 미만입니다. 후천적으로 장애인이 되는 것도 3~4%에 지나지 않고요. 이 중에 40%는 65세 이상입니다. 희소성이 있다는 것은 그 자체로 보통 일이 아닙니다. 특별한 일입니다. 특별한 방법으로 사랑하고, 특별한 방법으로 행복해야 할 일입니다. 비록 장애 자녀의 부모가 되는 일을 선택하지는 않았지만, 누구보다 행복한 부모가 되는 일은 당신의 선택입니다. 행복을 선택하세요. 행복한 삶의 길을.

*매일 자기 전 세수하면서 스스로에게 이렇게 소리내어 말해
보세요.

"○○아, 오늘도 정말 수고했어!"

*매일 아침에 일어나 세수하면서 이렇게 말해보세요.

"○○아, 오늘도 행복하자!"

전하고 싶은 말

세상에 나쁜 엄마는 없어요!

이계윤

참으로 건강하기를 바랐다.

10개월 내내 그러한 기대를 안고 살아왔다.

내 몸속에는 건강한 아이가 자라고 있을 거야.

얼마나 많은 꿈을 꾸며 살아왔던가?

미스 코리아! 아니 미스 유니버스이지!

미스터 코리아! 아니 장동건보다 더 나은 얼굴에

권상우보다 더 멋있는 복근.

수많은 꿈을 꾸고 또 지우고,

더 새롭게 꾸며 10개월을 지나왔다.

그리고 D-Day!

기나긴 산고 끝에 태어난 아이는 다운 증후군. 뇌병변!

잘생기고 똑똑하고 건강한 줄 알았고,

조용한 아이인 줄 알았는데… 자폐아라니!

청천벽력 같은 소리였다.

하늘이 두 쪽이 나 버렸다.

더이상 이 세상은 나와 상관이 없었다.

내가 더 살아서 무엇을 해야 하는가?

이 땅에서의 삶이 나에게 무슨 의미가 있다는 말인가?

전혀 상상조차 하지 않았던 그 일이

나에게 일어나고야 말았다.

하필이면 왜 나에게, 내가 무슨 죄를 지었다고.

차라리 그런 아이가 태어나려면 저 대궐처럼 집을 짓고

살아가는 부잣집에서나 태어날 것이지.

여의도 국회의사당에 출입하는 배지를 단 사람의 집에서나

태어날 일이지.

왜 우리 집에… 왜 나와 같은 사람에게…

하염없이 쏟아지는 원망은 그칠 줄 몰랐다.

병원에서 장애라고 진단을 내리는

모든 의사들은 돌팔이 같았다.

차라리 병이라고 하지,

10년 동안 치료하면 나을 수 있다는 병이라고 하지…

왜 장애라고!

아무리 따지고 원망을 해보아도 달라진 것 하나도 없었다.

세상은 그대로였다.

옆집도 그대로였고, 나도 그대로였다.

세상은 달라지지 않았고,

다만 내 앞에 장애라고 명명된 한 아이가

내 곁을 떠나지 않고 있을 뿐이었다.

나는 자포자기 했다. 그래 내 잘못이다.

내가 잘못한 일이 많아서 내 자식이 이렇게 되었구나!

내 죄다. 내 탓이다.

내가 전생前生에 지은 죄가 많아서일 거야.

아니야 내가 본래 나쁜 년이라서 그래.

내가 벌을 받고 있는 거야.

아니 그런데 내가 나쁜 년이면 내가 벌을 받으면 되지

왜 너에게 장애가 있어야 하니?

세상에 이런 천벌이 어디에 있어!

하늘이 왜 이렇게 잔인하단 말인가?

그리고 나만큼 죄 안지은 사람이 있으면 나와보라고 해!

왜 나만 이렇게… 내 자식만 이렇게… 당해야 되냐?

너무 억울하지 않느냐!

모두 이렇게 한탄했습니다.

모두 이렇게 절규했습니다.

모두 이렇게 하소연했습니다.

그러나 세상에 나쁜 엄마는 없습니다.

설령 자식을 버렸다 하여도 나쁜 엄마는 없습니다.

다 이유가 있었겠지요.

이유라기보다는 어쩔 수 없는 상황이 있었겠지요.

자식이 장애라 할지라도 나쁜 엄마는 아닙니다.

절대로 아닙니다.

절대로 나쁜 엄마일 수 없습니다.

나쁜 엄마였다면 장애 자녀를 맡겼겠습니까?

좋은 엄마이겠지요.

그런데 장애 자녀를 맡는다는 것은

누구에게나 힘겹고 어려운 일입니다.

언젠가 독립해서 내 곁을 떠나야 할 아이가 아니라

평생 내 곁에 있어야 하는 아이니까요.

내가 그 곁을 떠나야 눈을 편히 감는 것이 아니라

그가 내 곁을 떠나야 내가 눈을 편히 감을 수 있는

그런 아이이기 때문입니다.

한순간도 편히 마음을 놓을 수 없지요.

한순간도 그에게서 눈을 뗄 수도 없지요.

한순간도 그를 떠날 수도 없지요.

아마도 더 좋은 엄마가 되라고 주신 것이겠지요.

높은 지위에 대궐 같은 집에 이 아이가 주어지면

언제 어디에서 쥐도 새도 모르게 버려질지도 모르니까요.

어쩌면 그 큰 집에서 더 외롭게 지낼지도 모르니까요.

그래서 단칸방인 우리 집에 이 아이를 보냈을 거예요.

세상에 나쁜 엄마는 없어요.

나만 생각하는 나뿐인 엄마는 없어요.

설령 아이를 두고 떠났다 하여도

엄마의 가슴에는 아이가 있어요.

가슴을 애이면서

아이는 엄마 가슴속에 새겨있어요.

나쁜 엄마는 없어요

하나님이 장애아이를 주신 이유는

더 좋은 엄마가 되라는 뜻이지요,

더 좋은 엄마가 되기 위해서

더 좋은 엄마들끼리 힘을 합쳐요.

서로 애틋하고 힘겹고 어려운 이야기 나누세요.

나누는 순간이 위로의 순간이요,

격려의 순간이요,

희망의 순간입니다.

나쁜 엄마는 없어요.

하나님은 결코 나쁜 엄마에게 장애 자녀를 주지 않으세요.

그래서 장애 자녀는 장애長愛 자녀입니다.

영원히 사랑해야 할 자녀입니다.

사랑할 수밖에 없는 자녀를 주신 이유는

사랑할 만한 자격이 있는 엄마에게 주신 것이지요.

장애 자녀를 양육하는 엄마는 최고입니다.

## 3 부

연
결

신뢰 한 줄, 존중 두 줄, 칭찬 세 줄…
이렇게 너와 나의 마음을 연결할 수 있다면.

가족의 응집력을 높게

1970년대에는 많은 사람이 자기 방을 갖고 싶어 했습니다. 그만큼 한 공간에서 여러 식구가 같이 생활했지요. 2000년대에는 집의 구조가 많이 변했습니다. 대부분 자기의 방을 가지고 삽니다. 그러다 보니까 한집에 있으면서도 가족 구성원이 한자리에 함께하는 경우가 쉽지 않습니다. 가족의 응집력은 구성원끼리 서로 대화도 많이 하고, 돕고 의지하고 사랑하는 관계의 정도를 말합니다. 장애 자녀가 있는 가정 역시 가족의 응집력이 높아야 행복할 수 있습니다. 그 방안을 사례를 통해서 나누려고 합니다.

한 상에 둘러 앉아 함께 먹는 밥

기철이가 자폐아 판정을 받은 날부터 기철이네 집은 달라졌습니다. 어머니는 이 병원, 저 병원 쫓아다니느라 동분서주했고, 아버지 역시 일찍 출근하고 늦게 퇴근했습니다. 덕분에 도우미 아주머니가 기철이 형인 기국이의 양육을 담당하게 되었습니다. 그렇게 기철이가 열세 살이 되었습니다. 하루는 기철이 아버지가 아내에게 물었습니다.

"기철이 엄마, 오늘 저녁 식사 같이하면 안 될까? 우리 네 식구 함께 말이야."

"식사? 외식하자는 건가요? 갑자기 무슨 외식을…"

함께 밥 먹자는 말, 참 오랜만에 듣는 말이었습니다. 너무 오랜만이어서 그런지 가족끼리 외식한다는 말이 아주 낯설게 들렸습니다. 기철이 어머니는 혼자 생각해 보았습니다. 기철이를 양육하느라 가족끼리 식사 한번 제대로 한 적이 없었습니다. 기국이와 한 상에 앉아서 밥을 먹어본 게 언제인지 아련했습니다. 밥투정, 애정 투정하지 않고 아이들만 바라보면서 열심히 직장생활 해주었던 남편에게 감사했습니다.

기국이는 어머니 표정을 눈여겨보고 있었습니다.

"엄마! 우리 식구끼리 외식하는 거예요? 진짜?"

반가워하면서도 놀라는 기국이와 그 옆에 조용히 앉아있는 기철이 모습을 보면서 어머니 마음은 갈팡질팡하고 있었습니다.

어떻게 하나가 될 수 있을까?

민정이는 청각장애와 지적 장애가 있습니다. 아이의 중복장애는 민정이 어머니에게 자유를 빼앗아 갔습니다. 그러나 자유만 없어진 것이 아니었습니다. 아들 민규와 남편과의 관계도 점점 더 소원해지고 있었습니다. 그렇다고 사이가 나빠진 것은 아닙니다. 아들 민규는 항상 아빠와 함께합니다. 사소한 것에서부터 모든 것을 아빠와 상의할 뿐, 엄마와는 의논하지 않습니다.

"민규야, 친구 문제와 용돈은 엄마와 의논해. 아빠가 바쁘단 다."

"엄마는 민정이 돌봐야 하잖아. 엄마는 나에게 신경 쓸 시간이 없어!"

반대로 민정이는 아버지랑 함께 놀기를 거부합니다. 어느 날 아버지가 일찍 퇴근해서 민정이 눈을 보면서 안아주려고 했습니다.

"민정아, 이리 오렴. 아빠랑 산책가자."

수화를 통해서 힘들게 표현했지만, 민정이는 아무런 반응을 하지 않았습니다.

민정이는 엄마와 민규는 아빠와 관계가 더 돈독합니다. 네 식구가 두 그룹으로 나뉘어 있습니다. 어떻게 해야 네 식구가 하나가 되어 더 사랑할 수 있을지 부모님은 고민하고 있습니다. 종종 다른 부모님들이 놀이터에서 자녀들 손을 잡고 놀이기구를 타면서 소리 지르고 노는 모습을 보면 부럽기만 합니다.

"엄마, 이리와요. 아빠, 이리와요."

아이들의 짓궂은 소리가 들리는 가정이 되길 바라고 있습니다.

뿔뿔이 흩어진 가족

25여 년 전이었습니다. 어머니는 사이먼이 자폐아라는 사실을 직감했습니다. 아이를 한국에서 잘 키울 수 없다고 생각했습니다. 장애인등록제도가 막 시작되던 시기였는데, 장애인 등록증으로 낙인찍는 일을 피하고 싶었습니다. 그래서 부모님은 사이먼을 캐나다에서 키우기 위해 이민했습니다. 캐나다는 특수교육이 체계적이고, 특히 통합교육을 중심으로 이루어져서 좋았습니다.

사이먼은 캐나다 아이들 사이에서 잘 지냈습니다. 한국에서 직장을 관둔 아버지는 캐나다에서 할 수 있는 일이라면 무엇이든지 했습니다. 5년 정도가 지났을 때, 사이먼 아버지는 사업을 할 수 있는 기반을 마련했습니다. 그리고 한국과 캐나다를 오고 가는 일이 빈번해지기 시작했습니다. 점점 어머니 혼자 캐나다에서 아이를 양육하게 되었습니다.

시간이 흘러, 사이먼이 열세 살이 되었습니다. 어머니는 이렇게 말씀합니다.

"제가 사이먼의 교사예요. 특수교사도 저만큼 하지 못합니다."

실제로 아이 양육에 자신이 있어 보였습니다. 그러나 어머니는 외로워 보였습니다.

"사실 사이먼 아버지가 사업을 확장하지 않았으면 좋겠어요. 이젠 아이도 키가 많이 자랐고, 체격도 커졌어요. 나 혼자 힘으로 아이를 감당하기 어려워요. 아이 아버지가 이제 도와주었으면 좋겠는데…"

그런데 사이먼 아버지는 5년만 더 사업을 안정시킨 다음에 아내를 돕겠다고 합니다. 어머니는 가족 모두가 외국 땅에서 뿔뿔이 흩어진 이산가족처럼 살아가는 것 같아서 고민합니다.

의도하지 않은 소외

일곱 살 철석이는 지적 장애 1급입니다. 철석이네는 열한 살 철민이, 아홉 살 철규 두 형까지 모두 삼 형제입니다. 세 아들을 키우느라 철석이 어머니는 너무 힘들었습니다. 다행히도 남편이 적극적으로 도왔지만, 그래도 늘 힘에 부쳤습니다. 철석이 아버지도 점점 자녀 양육과 아내를 돕는 일이 힘겹다고 느끼기 시작했습니다. 그래서 두 아들 철규, 철민이와 함께 의논했습니다.

"철규야, 철민아! 엄마가 철석이 돌보는데 너무 힘들어하지. 사실 너희도 엄마와 이야기할 시간도 없고, 힘들지. 우리 함께 할 수 있는 일을 나누어 보고, 엄마 아빠가 덜 힘들도록 아이디어를 내보자."

철석이 아버지는 아들들과 함께 가사 일을 나누어 보기로 하고, 규칙을 만들었습니다. 식사할 때마다 그릇과 수저 정돈은 철규가, 음식 나르기와 방 청소는 철민이가 하기로 했습니다. 그 외에도 철규, 철민이는 자기가 할 수 있는 일을 정해서 열심히 도왔습니다. 한 달에 한 번 회의해서 규칙을 새롭게 정하고 지키기로 했습니다. 회의하다 보니까 좋은 일이 많아졌습니다. 부자끼리 대화가 이루어지고, 자주 고민을 함께 나누게 되었습니다. 그런데 정작 철석이 어머니가 느끼는 소외감은 깊어지기만 했습니다.

"여보. 다 당신을 위한 것이니까 속상해하지 말아. 우리 모두 잘하고 있잖아!"

"나도 함께하면 더 좋지 않을까?"

철석이 아버지와 두 아들에게 늘 고맙지만, 한편으로 어머니는 외로움의 긴 터널을 통과하고 있었습니다.

온 가족을 위한 시간

스물한 살 성호는 자폐성 장애가 있습니다. 특수학교를 졸업하고, 바리스타 꿈을 꾸면서 보호작업장에서 일하고 있습니다. 성호는 어렸을 때 혼자 TV 보는 일을 너무 좋아했습니다. 처음에는 그러려니 하고 내버려 두었지만, 시간이 지날수록 성호네 식구는 모래알처럼 흩어지고 있었습니다. 다섯 식구 모두 따로따로 지냈습니다. 어느 날, 아버지는 아내와 성호의 형, 누나와 함께 가족회의를 열었습니다.

"우리 집이 행복하려면 무엇을 해야 할까?"

식구들은 한자리에 모여서 이야기를 나누며, 나름대로 기준을 만들었습니다.

첫째, 일주일에 세 번은 같이 저녁 식사하기.

둘째, 식사는 천천히 속도를 맞추면서 먹기.

셋째, 일주일에 한 번은 TV를 끄고 가족끼리 놀기.

이 세 가지는 쉽게 실천에 옮길 수 있었습니다. 하지만 가장 특별한 기준은 바로 이것입니다.

"우리 매주 토요일 저녁에 함께 잠을 자도록 하자!"

아버지의 제안에 모두가 깜짝 놀랐습니다.

"여보! 다 큰 애들이 어떻게 한방에서 자요. 침대도 좁고, 성호
랑 같이 자는 것이 가능해요?"

그러나 성호 누나와 형이 대답했습니다.

"엄마, 아빠. 매우 좋은 생각인 것 같아요. 성호와 함께 하는 시
간도 늘어나서 좋아요."

그래서 침대를 팔고, 이불을 깔고 함께 자기로 하였습니다. 처음
에는 같은 방에서 잠을 자는 일이 쉽지 않았습니다. 그러나 횟수가 늘
어나면서 이부자리 이야기가 소중하다는 것을 느끼기 시작했습니다.
일주일 동안 지내왔던 일들을 신나게 나누고, 성호에 대하여 형, 누나
가 가진 생각도 함께 나누었습니다. 형과 누나의 미래도, 성호의 미래
에 대해서도 함께 이야기합니다. 그렇게 매주 토요일은 소탈하게 가족
간의 대화가 회복되는 시간이 되었습니다. 가끔 아침에 눈을 뜨면 누
나의 발이 아빠 허리에 올라와 있고, 형의 발이 엄마 허리에 있습니다.
이부자리 이야기 덕분에 가족 사이에 접촉이 많아지고, 더 행복해졌습
니다.

*편안하게 느끼면서 서로를 신뢰할 수 있는 안전한 시간과 공
간을 만들어보세요. 그 시간, 공간에서만큼은 무엇이든 온
가족이 함께 해보세요. 아주 짧은 시간, 작은 공간이어도 괜
찮아요.

남편이 아내를 지원할 때

'장애 아동' 하면 보통 아버지보다는 어머니가 떠오릅니다. 어머니의 역할이 중요하다 못해 과중하다는 뜻이지요. 이런 어머니를 가장 잘 지지하고 도울 수 있는 분은 바로 장애 아동 아버지입니다. 그래서 아버지의 역할이 행복한 가정의 중요한 열쇠로 등장하고 있습니다. 최근 장애 아동 아버지, 어머니에 관한 학위논문을 살펴보면 아버지를 주제로 삼은 것이 55개, 어머니를 주제로 삼은 것이 315개나 됩니다. 그중에서 '장애 아동 아버지의 역할에 대한 장애 아동 어머니의 인식에 관한 연구' 등의 논문이 눈에 띄게 많습니다. 이처럼 남편이 아내를 어떻게 지원하는지에 따라서 장애인 가족의 행복 정도가 결정됩니다.

아내의 이야기에 귀 기울이기

민영이는 지적 장애 3급입니다. 36개월이 지났을 때부터 조짐이 있었습니다. 민영이가 사용하는 단어가 매우 적었고, 몇 개의 명사로만 국한되었기 때문입니다. 이때부터 어머니는 바빠지기 시작했습니다. 단순히 발달이 늦어지는 것인지, 아니면 발달이 안되는 것인지 알수가 없었습니다. 발이 터지게 복지관, 병원, 조기 교실 등을 다녔습니다. 그러나 더 힘이 드는 것은 모든 일을 혼자 감당했다는 것입니다.

"여보! 민영이 사회성숙도 검사하는 날인데 같이 가 줄 수 있어요?"

그러나 민영이 아버지는 시큰둥했습니다.

"오늘 출장 가는 날인데… 어떻게 하지?"

늘 비슷한 대답을 반복할 뿐이었습니다.

민영이의 언어지도에 대해서도 마찬가지였습니다. 아이의 언어지도를 위해 다니는 복지관에서 있었던 일, 언어발달 검사 결과에 대해서도 남편에게 상세히 설명했습니다. 그러나 민영이 아버지는 아내의 말에 귀를 기울인 적이 없었습니다.

민영이가 초등학교 4학년이 되었습니다. 어머니는 아이를 양육하는 일보다 더 심각한 고민에 빠져있습니다. 남편과의 관계가 점점 더 멀어져만 가는 것 같기 때문입니다. 그래서 학교에서 열리는 부모교육에 참석하자고 수차례 부탁했습니다. 그러나 남편은 듣지 않았습니다.

그러던 어느 날, 민영이 아버지가 화가 난 듯이 큰 소리로 말했습니다.

"민영이 엄마! 왜 민영이가 이렇게 행동하지? 민영이 말이 왜 그래? 그동안 언어치료 많이 다녔잖아? 당신 그동안 뭐한 거야?"

벌써 여러 차례 반복되는 남편의 고함에 민영이 어머니는 아이를 데리고 바깥으로 나갔습니다. 언제쯤 서로가 진실한 대화를 하게 될지, 민영이 어머니는 눈시울을 닦으면서 호소합니다.

"민영이 아버지가 제 이야기에 귀를 기울이면 좋겠습니다. 그게
저를 돕는 길인데 말이지요."

아내의 가장 든든한 지지자

형일이는 뇌성마비 2급입니다. 형일이 아버지는 결혼할 때부터 아
내를 끔찍이 사랑했습니다. 결혼 생활만큼은 그 누구보다 행복한 삶
을 살겠다고 다짐했습니다. 그렇지만 아내가 난산 끝에 출산한 아이가
뇌성마비라는 진단을 받게 되었습니다. 형일이 어머니는 지금도 기억
합니다. 분만실에서 일반 병실로 옮기던 날, 남편은 이렇게 말했습니
다.

"여보, 걱정하지마. 형일이 낳느라고 수고했어. 내가 당신과 형
일이 옆에 있을 거니까 걱정하지마."

형일이를 양육하는 일을 쉽지 않았습니다. 특히 어려운 것은 시댁
어른들의 표정과 인식이었습니다. 아이가 뇌성마비가 된 것을 형일이
어머니 탓으로 돌렸습니다.

"애미야, 우리 집에는 이런 손을 본 적이 없단다. 그런데 왜 우리
손주가 이렇게 태어나야 하니? 너도 속상하지만, 우리 집안에는
이런 아이가 없었단다."

시댁을 방문할 때마다 형일이 어머니는 죄인이 되었습니다. 그래
도 다행히 형일이 아버지는 아내의 든든한 지지자였습니다. 남편은 분

명하게 자신의 할 일을 정해서 도왔습니다. 병원과 복지관 등에 상담하는 날짜가 정해지면, 무슨 수를 써서라도 시간을 냅니다.

"여보, 형일이는 내가 안고 갈 테니까 당신은 준비물만 가지고 나와요."

형일이 아버지는 늘 운전석 옆에 카 시트를 설치하고, 형일이를 태웁니다. 복지관에서 선생님들과 대화할 때 항상 자리에 함께하고, 집으로 돌아오면 상담 결과에 대하여 함께 의논합니다. 가끔 기관에서 현장학습이 있을 때도 형일이를 데리고 참여합니다. 사실 이분처럼 장애 자녀와 함께 하는 아버지는 찾아보기 힘듭니다.

이런 도움 덕분에 형일이 어머니는 기쁨으로 살아갑니다. 형일이 아버지는 형일이를 돌보는 일이 자신의 몫이라고 생각합니다. 그래서 늘 아내에게 말합니다.

"여보, 오늘도 힘을 내서 고마워!"

한 달에 한 번이라도 좋아

선화는 자폐 1급입니다. 선화 아버지는 늘 아내에게 아이와 놀아달라는 요청을 받았습니다. 그렇지만 난감했습니다. 어떻게 해야 선화와 함께 놀 수 있는지 몰랐습니다. 아이와 눈을 맞추는 일부터도 힘들어했습니다. 그래서 선화를 데리고 놀아달라는 아내의 말이 공포로 다가왔습니다. 마침 아내가 좋은 프로그램이 있다고 소개했습니다.

"복지관에서 한 달에 한 번 전문가가 와서 한 시간씩 장애 자녀와 아버지와의 프로그램을 진행한대요. 당신이 참여했으면 좋겠어요!"

선화와 지내는 것을 어려워했던 아버지는 기꺼이 동의했습니다. 선화 어머니는 이렇게 노력하려는 것만도 남편이 고마웠습니다. 그런데 프로그램에 참여한 지 4달이 지났을 때, 아버지는 바쁘다는 핑계로 빠지기 시작했습니다. 비록 한 달에 한 번뿐이지만, 한 시간 내내 선화와 함께 노는 일이 매우 어려운 일이라는 사실을 깨닫고, 꾀를 내었던 것입니다. 선화 어머니는 그 사실을 알고 있었습니다. 그래서 남편에게 부탁했습니다

"여보, 오늘은 나와 함께 가요. 그러면 어떨까요?"

선화 아버지는 그제야 마지못해 답했습니다.

"그럼 오늘 시간 내볼게요."

그렇게 시간이 쌓이고, 아버지는 이제 선화와 잘 놀아줍니다. 여전히 선화 어머니가 함께하는 시간이 많지만, 종종 선화를 데리고 외출도 하고 동창 모임에도 갑니다. 시장에 갈 때는 카트에 선화를 태우고 열심히 이야기하면서 다닙니다. 이렇게 노력하는 선화 아버지를 보면서 어머니는 마음이 흐뭇합니다.

도움을 주는 역할에서 벗어나 '나'의 일로 여기기

태균이는 지적 장애 2급입니다. 태균이 아버지가 아이에게 관심을 가진 지 이제 3년째입니다. 처음에는 모든 것을 아내에게 일임했고,

아내가 알아서 잘할 거로 생각했습니다. 그러던 어느 날 태균이가 어린이집에 가지 않겠다고 떼를 쓰는 것이었습니다.

"난 안가! 난 안가!"

어머니는 어떻게 할지 모르고 발만 동동 구르고 있었습니다. 아버지는 마침 출근 중이었습니다.

"여보, 당신은 먼저 출근하세요. 태균이는 내가 어떻게 할게요."

아내의 만류에도 불구하고 태균이 아버지가 나섰습니다.

"태균아, 오늘은 아빠가 데리고 갈게. 아빠랑 가자."

그런데 신기한 일이 일어났습니다. 떼를 쓰던 태균이가 아버지 손을 잡고 기꺼이 나서는 것이었습니다. 그렇게 돌발적으로 태균이를 데리고 어린이집으로 향했습니다. 손을 잡고 신나게 뛰어가는 아이의 모습을 보면서 아버지는 새삼 새롭게 생각했습니다.

'태균이가 내 아들이었구나! 내가 무엇을 하면 태균이가 더 좋아할까?'

남편이 변하면서 태균이 어머니의 마음에도 자연스럽게 새로운 동기가 생겼습니다. 혼자 가던 부모회 모임에 남편도 데려가기로 마음을 먹은 것입니다. 이것이 태균이 아버지가 완전히 변한 계기가 되었습니다. 사실 이름은 부모회지만, 참석자의 대부분이 장애 자녀들의 어머니였습니다. 그래서 부모회에 참석할 때마다 다른 어머니들이 태균이 아버지를 적극적으로 칭찬하고 부러워했습니다.

"태균이 엄마는 좋겠다. 태균이 아버지는 짱이에요!"

그렇게 부모회 모임에 적극적으로 참석하기 시작했고, 장애 자녀 권리를 보장하는 일에 최선을 다하기 시작했습니다. 이뿐 아닙니다. 집 안에서도 아이를 돌보는 일에 적극적이고 태균이를 데리고 시장도 보고 외출도 하고 치료하는 곳에도 다닙니다. 또한, 장애 자녀 아버지 모임도 만들고 있습니다. 태균이 어머니는 이런 남편이 늘 고맙습니다. 아니, 더 뜨겁게 사랑합니다.

"태균이 덕분에 우리 부부 사이가 전보다 더 좋아진 것 같아요. 태균이 아버지 같은 사람과 함께 살아가는 것이 저에게 행운입니다."

아주 작은 일부터

다양한 논문에서는 장애 자녀 아버지에게 요구되는 역할을 이렇게 구분합니다. "아버지 역할, 배우자 역할, 경제적 역할, 가사 분담자 역할, 대외적 역할." 각 역할에 대한 세부적인 예는 다음과 같습니다.

- 아버지 역할: 장애 자녀와 놀기, 대화 상대 되어주기, 숙제 도와주기, 학교 생활 관심 가지기
- 배우자 역할: 가족 생일 챙기기, 아내 외출 돕기, 아내 수고 인정하기
- 경제적 역할: 경제적 어려움 주도적 해결, 미래를 위한 경제적

부분 준비하기

- 가사분담자 역할: 집수리, 주택관리, 시장보기, 생활용품 구매 분담, 식사 준비, 설거지 분담, 집안 청소 분담, 공공요금 납부 관리

- 대외적 역할: 친척 대소사 참가, 이웃이나 가족과의 대외적인 일에 참석

이 역할들은 막연한 것이 아니라 아주 구체적인 일입니다. 한꺼번에 이런 일을 하는 것이 아니라 아내가 필요로 할 때, 한 가지씩 하는 것입니다. 알고 보면 큰일이 아니라 작은 일이지요. 아마 작은 일이라서 아버지들이 소홀히 여길지도 모릅니다. 그러나 그 작은 일을 함께 하면 아내는 사랑을 느끼게 되고, 장애 자녀 가정은 더욱 행복해질 것입니다.

아내에게 드리는 질문:

*남편의 지원에 대해 구체적으로 알고 있나요? 아는 만큼 인정과 격려와 감사를 표현해보세요.

*남편의 지원에 대해 의논하고 싶은 내용이 있나요? 사랑의 언어로 대화에 초대해 보세요.

남편에게 드리는 질문:

*나는 구체적으로 아내를 어떻게 지원하고 있나요?

*아내를 지원하고 싶지만, 방법을 모르거나 논의하고 싶은 것이 있나요? 사랑의 언어로 대화에 초대해 보세요.

아버지를 존중하기

영국문화협회가 세계 102개 비영어권 국가 4만 명을 대상으로 '가장 아름다운 영어 단어 10개'를 묻는 설문 조사를 했습니다. 그 결과 1위는 "어머니"였습니다. 그런데 "아버지"라는 단어는 순위 안에 들어가 있지 않았습니다. 오늘날 아버지는 가정에서 그 위치를 잃고 있습니다.

그렇지만 이제는 아버지가 나서야 합니다. 자녀 성공의 열쇠는 아버지가 쥐고 있기 때문입니다. 그렇습니다. 가정에서 아버지의 위치는 어머니의 위치 이상으로 중요합니다. 특히 장애인 가정에서 아버지의 위치는 더할 나위 없이 중요합니다. 장애인 가정이 행복하기 위해서 아버지의 올바른 위치에 대하여 이야기를 나누려고 합니다.

신뢰를 잃은 아버지의 후회

이삭이가 시각장애인이 된 것은 스무 살이 넘어서였습니다. 일곱 살 때, 망막색소변성증이라는 것을 알게 되었습니다. 망막색소변성증網膜色素變性症, Retinitis Pigmentosa은 '터널시야'라고 하는 시야가 매우 좁아지고 시력이 저하되는 증상이 생기는데, 망막의 신경세포가 서서히 사라지는 진행성 망막질환입니다. 심해지면 밤에는 아무것도 볼 수 없게 되고, 시력을 상실하게 됩니다. 치료하기 위해서는 조기에 발견하여 진행을 막는 것이 가장 효과적입니다. 이삭이가 이런 질환을 앓게 되었다는 것을 알게 되었을 때, 아버지는 대수롭지 않게 생각했습니다. 사실 처음 듣는 질병이어서 당황하기도 했지만, 그 징후에 대하여 더는 알려고도 하지 않았습니다. 어머니는 조금 더 자세히 알아보자고 했습니다. 그러나 권위적인 가정에서 자란 남편은 직장 일에 바빠 어머니의 주장을 무시했습니다.

이삭이가 열다섯 살이 되어 시야가 좁아지고 시력이 나빠지자 아버지는 '좋은 안경을 사용하면 되겠지'라는 주관적인 판단만을 했습니다. 여전히 사업이 바빴기에 '잘 되겠지'라는 막연한 생각에 깊은 관심을 보이지 못했습니다. 그저 "정기적으로 병원에 가 봐!"라는 말뿐이었습니다. 그러나 이미 이삭이의 시력은 급격히 저하되고 있었습니다. 스무 살이 넘은 이삭이는 이제 점자를 배우러 다니고 있습니다. 아직 시력이 조금 남아 있을 때, 시각장애인이 되었을 때를 준비해야겠다고 생각한 것입니다.

치료 시기를 놓친 것 때문에 아버지는 눈물만 흘리고 있습니다. 시각장애인이 된 이삭이의 미래를 어떻게 준비해야 할지 막연해서 또 속상합니다.

"그때 이삭이를 더 자세히 보살폈어야 했는데, 아내의 말을 더 들어야 했는데."

가장 어려운 것은 아버지에 대한 원망으로 가정 안에서 신뢰를 상실해 버리고 말았다는 것입니다.

가장 든든한 버팀목이 되어 준 아버지

영규는 15개월 때, 원인 모를 열병을 앓은 후 청력을 상실하고 말았습니다. 부모님은 하늘이 무너져버린 듯 참담했습니다. 어떤 소리에도 반응하지 않고, 단지 무엇인가를 보고 웃거나 울기만 하는 영규가 안쓰러웠습니다. 이 병원, 저 병원 다닌 것도 한두 번이 아니었습니다. 그렇지만, 영규 아버지는 아내와 함께 병원과 언어치료실 다니는 일에 최선을 다했습니다.

어머니는 건강한 아들이 청력을 잃게 된 것이 자신의 잘못이라고 자책했습니다.

"제 잘못이었어요. 영규가 불덩어리처럼 열이 올랐을 때, 밤이라도 빨리 병원에 갔어야 했어요."

아버지는 이미 청력을 상실한 영규에게 어떻게 해야 도움이 될 것인가를 알아보았습니다. 한편으로는 가슴 아파하는 아내를 위로하고, 다른 한편으로는 영규에게 언어를 가르칠 방법이 무엇인가를 알아보려고 노력했습니다. 그래서 울고 있는 아내를 데리고 선교단체에서 하는 수화교실에 수화를 배우러 다녔습니다.

"제가 우선 알아야 하지 않겠습니까? 그래야 우리 영규에게도 가르치고, 영규와 대화를 할 수 있지 않겠어요. 저마저 울면서 보낼 수 없잖아요?"

"영규 아버지가 정말 고마워요. 상심해 있는 저를 데리고 수화 배우러 다니게 해줘서요. 사실 저는 왜 영규를 치료하려고 하지 않는지 많이 원망했어요."

아버지는 다시 대학원에 가려고 합니다. 영아 시기에 청력을 잃은 아이에게 어떻게 하면 언어지도를 할 수 있을지 배우기 위해서입니다. 아버지는 영규를 넘어서 다른 청각장애 아동도 바라보고 있습니다.

"영규가 저에게 자꾸 배움의 길을 가게 하네요. 영규를 통해서 비슷한 아이에게도 도움이 되는 사람이 되고 싶어요."

낮에는 직장에서, 밤에는 대학원에서 영규를 위하여 공부하는 삶을 사는 남편을 보고, 영규 어머니는 이렇게 말합니다.

"제 남편이지만, 우리 가정에서 가장 든든한 버팀목입니다."

남편이자 아버지로 사는 삶

희욱이는 자폐가 있습니다. 아이가 자폐라는 사실을 알았을 때, 희욱이 아버지는 너무 충격이 큰 나머지 현실을 외면하려고 했습니다. 그래서 회사에 해외 파견 근무를 신청하고 가족과 떨어져서 해외로 나갔습니다.

"해외로 나간 2년은 20년 이상으로 느껴질 정도로 괴로운 시간이었습니다. 희욱이도 보고 싶고, 아내에게 희욱이를 전적으로 맡겨 두었다는 죄책감이 너무 컸습니다."

희욱이 아버지가 귀국했을 때, 아이는 이미 특수학교 입학을 앞에 두고 있었습니다. 지쳐버린 아내는 많이 늙어 보였습니다.

"희욱이 아빠도 해외에서 힘들었을 거예요. 그런데 저는 하루가 천년 같았습니다. 가끔 해외에서 오는 전화와 편지, 그리고 매달 통장으로 들어오는 월급을 보면서 하루하루 살았을 뿐입니다."

희욱이 아버지는 귀국하자마자 남편과 아버지 역할을 제대로 해야겠다고 다짐했습니다. 되도록 시간을 내서 희욱이를 데리고 치료실을 다니고 산행을 다녔습니다. 아내와 가능한 한 많은 시간을 내서 희욱이에 대하여, 그리고 앞으로 삶에 대하여 대화했습니다. 되도록 주장을 하지 않고 아내의 이야기를 많이 들으려고 했습니다.

그러다 우연한 기회에 장애인 부모운동에 참여하게 되었고, 언젠가부터 부모운동에 더욱 열심을 내게 되었습니다. 부모회에 아버지보다 어머니들이 더 많았기 때문이었습니다.

"부모회에 갔을 때 많은 아버지가 참석했다면 더는 가지 않았을 것입니다. 그런데 가보니까 아버지가 너무 적었습니다. 여기에도 내가 할 일이 많겠다고 생각했습니다."

이제 희욱이 아버지는 회의에 갔다 오면 아내에게 부모운동에서 얻은 정보와 장애인 교육과 복지정책 정보를 전달합니다. 최근에는 지부도 만들려고 준비하고 있습니다.

"전에는 제가 더 많이 알았거든요. 지금은 희욱이 아버지에게 많은 정보를 배워요. 가끔 남편을 따라 장애인 복지, 교육 정책 세미나에도 참석합니다. 사실 같이 오고 가면서 데이트도 해요."

어머니 얼굴이 한결 밝아졌습니다. 남편 없이 살았던 긴 2년을 뒤로 하고, 가정의 든든한 기둥을 아무에게도 빼앗기지 않겠다는 결의에 찬 모습으로 살아갑니다.

"지난달에 희욱이 동생 희철이도 낳았습니다. 앞으로 둘이나 셋 더 낳을 생각입니다. 우리 부부 금실이 아주 좋아졌습니다."

서로를 보면서 우울했던 과거보다 밝은 내일을 그려보면서 미소를 짓고 있습니다.

아버지의 변신

아버지는 유정이를 양육하면서 부부가 함께 물리치료를 배워야겠다고 생각하게 되었습니다. 상규 어머니에게 도전을 받았기 때문입니다. 상규가 지적 장애로 판명되고 1년 후, 상규네 부모님은 이혼하게 되었습니다. 이후 어머니 혼자서 상규를 양육하는 일이 얼마나 힘이 들었는지 모릅니다. 그런데 어머니는 상규뿐 아니라 자신과 처지가 비슷한 장애 가정을 돕기 위해서 조그마한 그룹홈 개인 운영 시설을 열었습니다.

상규 어머니의 노력과 헌신하는 과정을 보면서 유정이 아버지는 많이 반성했습니다. 사실 유정이를 돌보는 일을 아내에게만 일임했기 때문입니다. 게다가 취미생활을 위해 주말마다 낚시하러 가곤 했습니다.

그러나 상규 어머니가 살아온 과정을 보면서 유정이 아버지는 마음을 새롭게 했습니다.

'아내가 얼마나 힘들었을까?'

아내를 생각하기 시작한 것입니다. 뇌성마비 유정이를 안고, 업고 다니는 아내의 모습이 안쓰러웠습니다. 아내가 유정이와 두 아들까지 돌보느라 고생할 것이라는 생각이 들자, 유정이 아버지는 낚시를 그만두었습니다.

"여보, 내가 이제 당신 도울게! 이젠 유정이는 내가 다 책임질게. 당신은 걱정하지마."

180도 달라진 모습을 보면서 생시인지 아닌지 의심할 정도로 유정이 아버지는 변했습니다. 그렇게 아이를 업고 다니면서 치료과정을 유심히 보던 어느 날, 유정이 아버지가 아내에게 청했습니다.

"여보, 한 가지 청이 있어요. 힘들지만 같이 물리치료, 작업치료 배우면 안 될까? 우리가 직접 유정이 재활 치료에도 지속해서 참여하면 어떨까요?"

난데없는 부탁에 어머니가 별생각 없이 그렇게 하자고 얼떨결에 대답한 지 4년이 지났습니다. 유정이 아버지는 이제 무언가를 계획하고 있습니다.

"여보, 우리 재활 치료 센터를 오픈하면 어떨까요?"

유정이는 아빠 엄마의 모습을 보면서 웃음이 납니다. 더욱 재미있어하는 사람은 유정이의 두 오빠입니다.

"우리 엄마 아빠가 이젠 본격적으로 나설 모양이에요. 최근에는 부모교육 강사로도 나설 생각인 것 같아요. 우리 집에는 두 기둥이 계세요. 아버지와 어머니요. 나중에 결혼하면 저희도 두 분처럼 사랑하며 살고 싶어요."

이젠 유정이 아버지 어머니의 모습이 자녀들에게 롤모델입니다.

체크아웃

남편에게 드리는 질문:

*아내의 지원에 대해 구체적으로 알고 있나요? 아는 만큼 인정과 격려와 감사를 표현해보세요.

*아내의 지원에 대해 의논하고 싶은 내용이 있나요? 사랑의 언어로 대화에 초대해 보세요.

아내에게 드리는 질문:

*나는 구체적으로 남편을 어떻게 지원하고 있나요?

*남편을 지원하고 싶지만, 방법을 모르거나 논의하고 싶은 것이 있나요? 사랑의 언어로 대화에 초대해 보세요.

서로 신뢰하기

세상을 살아가는 데 가장 중요한 것이 믿음, 곧 신뢰입니다. 믿음이 깨지면 살아갈 수 없습니다. 무엇보다 가장 가까이에 있는 사람들을 믿지 못하면 위험합니다. 남편이 아내를 믿고, 아내가 남편을 믿는 것은 삶에 있어서 가장 기본이 되는 것입니다. 특히 부모가 자녀를 믿는 것은 자녀가 자기 힘으로 살아가는 데 매우 중요합니다. 자녀를 믿지 못하면 자녀는 끝까지 의존하게 되고, 무능력한 존재가 됩니다. 즉 불능disability이 아니라 무능inability이 됩니다. 그러나 부모가 자녀의 능력을 믿으면 장애 자녀는 불능disability을 넘어서 능력ability을 발휘하게 됩니다.

사실 사람은 많은 일을 하면서 살아가기보다는 가장 잘할 수 있는 능력을 발휘하면서 살아갑니다. 장애 자녀에게도 가장 잘할 수 있는 능력이 적어도 하나는 있습니다. 최고로 잘하는 것이 아니더라도, 하나쯤 잘하는 것이 있습니다. 이 능력이 있다는 사실을 믿으면 장애 자녀 가정이 행복합니다.

부부 사이의 신뢰

형수가 지적 장애 3급 판정을 받는 날, 형수 어머니는 혼자 골방에서 울 수밖에 없었습니다. 형수가 말이 더디고, 발달이 늦는다고 했을 때, 남편은 큰소리만 쳤습니다.

"왜 그래? 형수 문제없어!"

형수 어머니는 종종 남편에게 부탁했습니다.

"여보! 아무래도 형수를 데리고 장애인복지관에 가서 한번 판정 받아 봐야겠어요."

"당신 왜 그래? 형수가 어디가 어때서? 당신이 유독 급해서 그런 거야. 애들은 다 저렇게 자라는 거야!"

형수 아버지는 아이에 관한 이야기만 믿지 않는 것이 아니라, 아내를 대화가 안 되는 사람으로 간주했습니다. 그러다 형수가 학교에 들어가기 전, '지적 장애 3급' 판정을 받게 되었습니다.

형수 아버지는 이제야 말합니다.

"여보 내가 무엇을 해야 하지!"

자녀 신뢰하기: 글쓰고 그림 그리는 명선이 이야기

명선이는 지체 장애 1급입니다. 하반신을 모두 사용할 수 없었습니다. 어머니는 명선이를 업어서 키웠고, 아이를 위해서 모든 것을 다 했습니다.

"나는 명선이의 손과 발이 되어야겠다고 생각했습니다."

명선이는 점점 어머니 없이는 아무것도 할 수 없는 아이가 되어 가고 있었습니다. 명선이가 무엇을 하려고 하면 어머니는 앞장서 나갔습니다.

"명선아 엄마가 해줄게. 너는 가만히 있어!"

어머니는 언제나 아이보다 앞서 자리에 서 있어야 직성이 풀렸습니다. 그러면서 종종 푸념하곤 했습니다.

"명선아, 네가 무엇을 할 수 있겠니? 엄마 없이 너는 아무것도 할 수 없어."

명선이는 그렇게 의존적인 존재가 되어가고 있었고, 진짜 엄마 없이 아무것도 할 수 없는 아이라고 스스로 생각했습니다. 그러나 TV를 보고 라디오를 들으면서 나름대로 자기가 생각한 것을 글로 쓰기도 하고, 그림을 그리기도 했습니다. 하지만 어머니가 방에 들어오면 자기가 만든 작품을 아무도 볼 수 없는 곳에 숨기곤 했습니다. 괜한 짓을 한다는 잔소리를 들을까 봐 걱정했기 때문이지요.

명선이가 초등학교 3학년이 되었을 때, 비로소 명선이 어머니는 아이의 능력을 발견하게 되었습니다.

"네가 글을 잘 쓰는구나. 그림도 잘 그리네!"

어머니는 앞에 앉아있는 명선이를 새롭게 바라보게 되었습니다. 그동안 아이를 믿지 못하고, 어머니 자신만을 믿고 있었던 것입니다.

자녀 신뢰하기: 컴퓨터를 잘하는 민석이 이야기

민석이는 발달장애아입니다. 자폐증세도 있습니다. 그래서 어머니는 걱정이 가득했습니다.

"민석이는 내 삶의 짐입니다."

아무것도 할 수 없을 거로 생각했고, 또 그렇게 믿었습니다. 아이가 장애를 갖게 된 것이 당신의 죄 때문인 것 같아서 죄에 대한 보상심리로 많은 치료도 했습니다. 장애 아동 어머니들 사이에서 이런저런 치료가 필요하다는 말을 듣고 치료를 했을 뿐 실제로 아이가 무엇을 잘할 것이라는 상상은 하지 않았습니다.

그러나 장애인의 역량 강화라는 강의를 들으면서 아이를 다시 바라보기 시작했습니다.

"강의를 듣고 나서 생각했습니다. 우리 민석이가 적어도 한 가지는 잘하지 않을까?"

어머니는 관점을 바꿔서 민석이를 무엇인가를 잘할 수 있는 아이로 바라보았습니다. 그렇게 아이가 잘하는 것이 무엇일까 생각했습니다.

"이상하게 민석이에게 믿음이 생겼어요. 컴퓨터 게임기를 주면 가르쳐 주지 않아도 잘하더라고요."

아이가 컴퓨터와 친해질 수 있는 환경을 만들었습니다. 맨 처음에는 장난감으로 컴퓨터 게임기를 주었지만, 나이가 들면서 컴퓨터를 하나 설치해 주었습니다. 민석이가 열다섯 살이 되었을 때, 아버지는 아이가 컴퓨터를 잘한다고 믿었습니다.

"신기하게도 민석이가 컴퓨터를 가지고 무엇인가 하려고 하더
군요. 다른 것은 몰라도 컴퓨터는 잘할 수 있겠다 싶었어요."

아버지도, 어머니도 민석이를 믿기 시작했습니다. 비록 언어 구사
능력이 부족하고, 대인관계에도 어려움이 있는 것은 확실합니다. 그
러나 컴퓨터에 대한 부분에서는 믿을만하다고 합니다. 민석이 아버지
는 저에게 부탁했습니다.

"민석이가 컴퓨터를 배울 수 있는 대학에 보냈으면 좋겠는데,
소개해주십시오."

아버지는 민석이를 양육하는 것을 계기로 사회복지를 다시 전공
했습니다. 지금은 노인복지시설을 관리하면서 아이가 대학을 졸업하
면 할 수 있는 일을 찾아보고 있습니다.

자녀 신뢰하기: 연극을 꿈꾸는 인수 이야기

인수는 뇌성마비로 인해 손에 약간의 강직 현상이 있는 친구입니
다. 그래서 컴퓨터 키보드를 치는 일이 어렵고, 균형이 잡히지 않은 신
체로 걷는 일도 어려워서 땀을 많이 흘리곤 했습니다. 그러나 부모님
은 인수가 무엇인가 할 수 있다고 믿었습니다. 인수는 어렸을 때부터
책 읽기를 좋아했습니다. 그래서 아이가 원하는 책을 사다주면서 스스
로 자기 길을 계발하도록 동기를 부여했습니다.

어느 날, 장애인들 모임에 참석한 인수는 새로운 것을 배우고 싶어

했습니다. 그것은 다름 아닌 손을 사용하는 '수화'였습니다. 수화언어는 청각장애인들의 언어이지요.

아버지는 인수에게 물었습니다.

"너 수화언어를 배울 수 있겠냐?"

인수는 떠듬거리는 말로 대답했습니다.

"아빠, 내가 말로 하는 것이 어려우니까 수화언어를 배우면 손에도 도움이 되고, 청각장애인에게 봉사할 수 있잖아요?"

아버지와 어머니는 아들을 계속 믿기로 했습니다. 인수는 힘들지만, 열심히 수화언어를 배웠습니다. 이젠 청각장애인들에게 통역할 수 있는 정도가 되었습니다. 그런데 인수의 꿈은 거기서 멈추지 않았습니다.

"아빠, 엄마! 저 사실 연극하고 싶어요. 언어가 힘들면 수화언어를 통해서 연극 할 수 있는 장애인 극단도 만들고요. 청각장애인, 뇌성마비 장애인, 그리고 지적 장애인들도 볼 수 있는 연극을 하고 싶어요!"

인수는 부모님의 믿음을 기초로 하여 연극을 하기 위해 준비하고 있습니다. 두 부모님은 희곡을 쓰거나 연극무대에서 연기하는 아들의 모습을 그려보고 있습니다.

자녀 신뢰하기: 옷 만드는 규리 이야기

규리에게는 지적 장애가 있습니다. 어머니는 그런 규리를 사랑으로 키우고, 아버지와 규리 언니는 어머니의 가장 큰 지원군이 되어주었습니다. 가족들은 일상생활에 관련된 것을 하나하나 가르치면서 규리가 할 수 있으리라 믿고 기대했습니다. 그렇지만 아이의 특기나 맞는 직업을 찾아내는 데 도움을 얻기가 어려웠습니다. 그러다 규리 어머니가 운영하시는 양장점에서 규리가 작은 심부름이라도 엄마와 함께 하는 것을 즐거워한다는 것을 깨달았습니다. 그래서 어머니는 생각해 보았습니다.

'규리가 무엇을 하면 더 좋아할까? 어떤 것을 잘할 수 있을까?'

그러던 중 규리 어머니는 마침 양재로 옷을 만드는 지적 장애인 직업재활시설에 봉사하러 가게 되었습니다. 그곳에서 지적 장애인 친구들이 열심히 일하는 것을 보게 되었고, 그 곳의 기관장과 함께 대화를 나누었습니다.

"우리 장애인 친구들이 옷을 혼자 만드는 일은 어렵습니다. 그러나 옷을 재단하는 일, 재봉을 하는 일, 재단하고 남은 일을 뒷정리하는 일 등, 공정을 나누어서 장애인 친구들이 잘할 수 있는 부분을 하게 되면 옷을 만들 수 있습니다. 못 할 것이 없습니다."

기관장의 말은 어머니에게 큰 용기가 되었습니다. 특히 규리에게 더 큰 믿음이 생겼습니다. 그래서 어머니는 옷을 만드는 공정 중 하나를 선택해서 규리에게 가르치고 있습니다.

"어차피 자동차도 혼자 만드는 것은 아니잖아요. 어떤 사람은 시트를 씌우고, 어떤 사람은 너트를 돌리고, 어떤 사람은 타이어를 장착하고 그러는데… 우리 규리도 할 수 있는 일을 곧 발견할 거예요.”

이젠 아버지도 한 몫 거듭니다. 직장에서 퇴근하는 길에 양장점에 들러서 아이를 칭찬합니다. 규리 손에서 나온 작품으로 멋을 내고 다니는 동네 아주머니를 보면서 흐뭇해하는 자신의 모습을 상상해 봅니다.

“야, 규리야! 네가 만든 옷이야!”라고 탄성을 지를 날이 오겠지요?

언젠가 해낼 해냄이

가족의 행복은 장애 자녀를 믿고, 또 가족 구성원끼리 서로 믿는 데서부터 시작합니다. 장애란 믿지 않으면 불능이 되고, 믿으면 유능이 됩니다. '해냄이', 이것은 가족들이 장애 자녀의 능력을 믿으며 그를 부르는 이름입니다. 인생은 그렇지요. 모두 한 가지 일을 하면서 살아갑니다. 장애인이 모든 것을 다 잘하기를 기대하기보다, 한 가지 일을 잘할 수 있다는 믿음을 가지고 서로 믿고 신뢰하면, 행복한 가정이 될 것입니다.

*마음으로 안된다고 하면 정말로 아무것도 안됩니다. 해냄이

　가 해내는 한 가지 일을 찾아보세요.

*그다음 해낼 일은 무엇일까요?

*해냄이의 활약을 믿으며 응원해주세요.

≡

편견 없이 듣고, 진심을 말하는 의사소통

어느 가정이든 의사소통은 행복의 결정 요인 중 하나입니다. 부부간에 바람직하고 효과적인 의사소통 방식을 받아들이기도 전에 장애 자녀를 낳으면 심각한 어려움을 겪게 됩니다. 특히 첫 아이가 장애를 겪게 되면, 부부가 서로를 잘 알고 이해하기도 전에 장애 자녀로 인하여 삼각관계triangulation를 갖게 되기도 합니다. 삼각관계는 부부간의 의사소통 부재를 장애 자녀 탓으로 돌리면서 더욱더 심각한 관계로 발전하게 됩니다.

때로는 부부가 서로의 의견을 잘 들어주기보다 부정적 시각으로 흠만 들춰내는 경우가 있습니다. 그러나 의사소통의 가장 기본은 경청입니다. 비심판적 태도를 보이고 경청을 잘할 때 바람직한 의사소통이 이루어집니다. 거기에 약점보다는 강점을 강조하면서 격려와 칭찬을 동반하면 이보다 더 바람직하고 좋은 의사소통은 없을 것입니다. 가족 대부분이 마찬가지이지만, 장애인 가족은 장애 자녀가 있다는 이유로 이런 의사소통이 잘 안 되는 경우가 있습니다. 다음의 사례를 통해 바람직한 의사소통 방식을 살펴보고자 합니다.

부부 이야기는 부부끼리

정석이는 교통사고를 크게 당해서 다리 하나를 절단해야 했습니다. 그 후 의족을 하고 걷는 연습과 재활 훈련을 열심히 하고 있습니다. 그러나 문제는 이것이 아닙니다. 부모님은 정석이가 지체 장애를 겪게 된 것이 자기 탓이라고 생각합니다. 그런데 항상 말을 반대로 합니다. 아버지는 어머니 탓이라고 말하고, 어머니는 아버지 탓이라고 합니다.

"정석아, 난 네 엄마가 왜 그런지 모르겠다."

"정석아, 네 아버지는 왜 말끝마다 내 탓이라고 하니?"

부모님은 서로 직접 대화하는 것을 피합니다. 아버지는 정석이에게 어머니 흉을 많이 보고, 어머니도 정석이에게 아버지 잘못을 비난합니다. 정석이는 재활 훈련도 힘든데, 이러한 부모님 사이에서 어떻게 해야 할지 모르겠습니다. 점점 부모님 사이가 멀어지는 것 같아서 어떻게 해야 행복할 수 있을지를 고민하고 있습니다. 결국, 부모님은 정석이를 희생양으로 삼아 하고 싶은 이야기를 하는 삼각관계에 빠진 것입니다. 이러한 관계는 건강한 의사소통을 방해하고 행복을 빼앗아 갑니다.

편견 없이 잘 듣고, 잘 말하기

민수는 군대에서 동료의 총기사고로 하반신을 사용할 수 없는 척수장애인이 되었습니다. 민수는 항상 고통을 호소합니다. 신변에 관한 처리를 할 때 항상 인위적인 도움을 받아야 하고, 마비된 다리는 계속 찌릿찌릿 저린 상태입니다. 이러한 고통을 누가 이해할 수 있을까요? 민수는 그래도 어머니는 이해할 수 있을 거로 생각했습니다. 다른 사람도 아닌 어머니이니까요. 그러나 어머니가 그 고통을 다 알 수는 없는 노릇이었습니다.

하반신을 사용할 수 없기에 민수는 어머니에게 이것저것 부탁했습니다. 그러나 그것은 공교롭게도 어머니가 무언가로 바쁠 때였습니다. 어머니는 "잠깐만, 잠깐만!"이라고 했습니다. 이것이 못마땅했습니다. 늘 불평했고, 힘들어했습니다.

"내가 힘들 때 어머니는 늘 다른 것을 하십니다. 내가 힘든 것을 아시면서 즉각 즉각 도와주지 않습니다."

그의 하소연과 푸념을 다 듣고 나서 물어보았습니다.

"민수 군! 혹시 어머니에게 어디가 얼마만큼 힘든지, 이야기해 본 적이 있나요? 그리고 민수 군이 힘들 때, 어머니가 무엇을 하고 있었는지, 아니면 아무것도 하시지 않았는지 살펴보셨나요? 어머니가 아닌 다른 분에게 도움을 요청할 수는 없었나요?"

"사고가 나서 집에 들어온 이후, 한 번도 그런 이야기를 나눈 적이 없었습니다. 어머니는 그저 다 알고 계실 거로 생각했습니다. 참, 왜 어머니에게만 부탁했지? 그러고 보니 요사이 어머니가 저와 시선을 마주치지 않으려고 피하시는 것 같아요. 그랬겠지요. 제가 늘 불평만 하니, 누가 제 얼굴을 보려고 하겠어요."

어머니는 다 아실 거라는 편견을 가졌기에 대화가 잘 이루어질 수 없었습니다. 의사소통에 가장 중요한 것이 '편견 없이 잘 듣고, 잘 말하는 것'이지요. 이것이 이루어지지 않으니까 가족의 행복이 깨어진 것 같았습니다. 앞으로는 잘되리라 생각합니다.

상대의 처지에서 생각해보기

경희는 5년 전에는 보이는 세상에 살았지만, 열병을 앓고 난 후 시각장애를 갖게 되었습니다. 어머니와 언니 경숙이가 잘 챙겨주었지만, 언제부터인가 배제되는 느낌을 받았습니다. 어머니와 언니가 늘 이렇게 말하기 때문이었습니다.

"경희야, 우리가 다 알아서 해줄게!"

옷을 살 때도 색상, 디자인, 가격에 대한 경희의 의견은 존중받지 못했습니다.

그래서 하루는 어머니와 언니에게 간곡히 할 말이 있다고 했습니다.

"엄마, 언니. 나에게 잘 해 주는 것은 알겠는데, 내 의견도 들어주었으면 해. 왜 항상 내 의견을 무시해?"

그러자 언니가 말했습니다.

"경희야, 언니가 너에게 잘하지 못할 거로 의심해서 그러니? 내가 너를 얼마나 사랑하는데… 내가 너보다 더 너를 사랑해. 그러니까 걱정하지 말아."

"언니, 나를 더 사랑하면, 나에게 물어봐 줘. 아무리 언니가 다 잘해줘도 나는 보지 못하니까 늘 궁금해. 나에게 물어보고, 나에게 선택권을 주면서 도와주면 안 될까? 나는 그걸 원해."

이때 어머니가 나섰습니다.

"경희야, 우리가 잘못 생각했구나. 나와 언니는 잘해준다고 했는데 네가 그런 생각을 하는 줄 전혀 몰랐어. 아무리 우리가 잘해줘도 네 생각도 존중해줘야 하는데. 경숙아, 앞으로 그렇게 하자."

그제야 언니가 말했습니다.

"미안해. 앞으로 네 의견 잘 들을게, 자세히 생각해 보니까 네가 소외된 느낌이었겠구나."

세 사람은 그동안의 오해를 풀고 사이가 회복되었습니다.

"지난 5년간 참았는데… 오늘 말하면 언니와 엄마가 더 오해할까 걱정했어요. 그래도 이렇게 말하고 언니와 엄마가 받아주니까 너무 좋아요. 우리 가족은 정말 저를 사랑하고 있어요."

그 언제보다 소중한 대화의 시간

스무 살 희수에게는 형이 하나 있었습니다. 형도 희수처럼 근육 디스트로피가 있었습니다. 근육 디스트로피muscular dystrophy는 근육의 힘이 점점 빠지다가 결국은 세상을 떠나고 마는 것입니다. 물론 개중에는 비진행성이 있어서 힘이 없는 상태에서 다른 사람의 도움을 받아야만 사는 분들도 있습니다. 그러나 희수 형제는 진행성 근육 디스트로피입니다. 그래서 형은 2년 전 스물다섯 살에 세상을 떠났습니다. 희수도 형과 같은 처지가 될 것이라는 생각을 하고 하루하루 살아가고 있습니다.

참 우울하고 어두울 수 있는 상황에서 아버지만은 달랐습니다. 형이 세상을 떠났을 때, 아버지는 이렇게 말씀했습니다.

"속상하지만, 이 땅에서 힘들게 사는 것 보다 저 하늘나라에서 건강하게 잘 살 수 있다면, 형에게 복이 될 거야."

놀랍게도 아버지는 형의 근육 디스트로피를 받아들였습니다. 형의 죽음을 겪고 나서 아버지는 희수에게 더욱 살갑게 대합니다. 어머니는 늘 슬픔에 젖어 있어서 힘겹게 지내지만, 아버지는 희수의 이야기를 많이 들어줍니다. 아내에게도 잘합니다. 희수 아버지는 늘 이렇게 말합니다.

"내가 당신 이야기를 이렇게 들었는데, 맞아요?"

"희수야, 너의 생각을 아빠가 잘 이해했니?"

아버지는 자신이 이해했는지를 늘 물어봅니다. 그래서 희수와 어머니는 아버지와 자주 대화합니다. 아버지는 희수가 신체적으로 매우 힘든 것도 압니다. 희수가 화장실 가는 일, 목욕하는 일, 외부에 나가는 일 모두 전적으로 아버지의 물리적인 도움이 필요하기 때문입니다. 희수는 아버지 등에 업힐 때, 휠체어에 앉아서 아버지가 밀어줄 때가 너무너무 좋습니다. 그 시간이 아버지와 대화를 많이 나누는 시간이기 때문입니다.

희수는 하루하루 삶이 줄어드는 것을 느낍니다. 그러나 대화를 많이 하며 살아가는 매일의 시간이 그 언제보다 소중합니다.

진심을 전하기 위한 노력

짧은 연애 끝에 결혼해서 신혼의 즐거움을 누리기도 전에 창수가 태어났습니다. 창수가 자폐아라는 사실을 알게 된 것은 태어난 지 두 돌이 지났을 때였습니다. 두 사람은 부부라기보다는 어머니, 아버지로 살았습니다. 창수 동생 창훈이가 태어나고, 여동생 희영이가 태어났습니다. 갈수록 부모의 역할에 전념할 수밖에 없었습니다. 그러다 보니 부부가 나누는 대화는 아주 간단했습니다.

"나 왔어. 밥 있어? 힘들지? 내가 뭐 할 수 있는 게 있어?"

"네. 거기 밥 있어요. 힘든 것 보면 몰라요? 알아서 도와주면 안되나요? 당신은 항상 도움이 안 돼요."

15년을 이런 대화를 반복하며 살았습니다. 이제 아이들이 커서 창수가 중학교 2학년이 되었고, 창훈이는 중학교에 입학하고, 희영이는 초등학교 6학년이 됩니다. 두 사람은 이제야 서로를 바라봅니다. 하지만 서로 쳐다볼 때마다 침묵이 흐릅니다.

"딱히 할 말이 없어요. 집사람 고생하는데… 저는 도움도 그다지 안 되고."

그러다 두 사람은 부부 클리닉에 갔다 왔습니다. 약 2개월 동안 열심히 배우며 생각과 태도가 많이 바뀌었습니다.

"부부 클리닉에서 많이 배웠습니다. 그리고 함께 왔다 갔다 하면서 많은 대화를 나누었습니다. 이제 알았습니다. 우리 사이에 의사소통이 많이 필요하다는 것을."

"저 사람이 창수와 나에 대해서 많이 생각하는 줄 이제야 알았습니다. 나만 고민하는 줄 알았어요."

창수 부모님은 부부 클리닉이 너무 좋다고 합니다. 이제 남편과 아내로 살아가게 되었노라고 합니다.

체크아웃

*의사소통 이렇게 해보는 건 어떨까요?

이야기 할 때: 나는 이렇게 생각해요/느꼈어요.

이야기를 들을 때: 내가 이렇게 이해했는데, 그것이 맞나요?

≡

감정을 읽고 마음을 연결한다면

가족 구성원 간에 다툼이 있거나 관계가 원만하지 못한 가정의 특징은 서로의 감정을 잘 이해하지 못한다는 것입니다.

"당신은 도대체 왜 사실을 곡해하고 있어? 왜 사실을 외면해?"

서로 사실을 모른다고 생각합니다. 하지만 이런 말이 반복되면 아무리 가까운 관계라도 멀어질 수밖에 없습니다. 실제로 인간관계에서 상처를 입고, 관계가 깨어지는 가장 중요한 이유는 이런 말에서 시작됩니다.

"내 남편은, 내 아내는 내 마음을 이해하려고 하지 않아요!"

내 아이에게 장애가 있어서 문제가 된다고 말하지만, 실제로는 "장애 자녀를 돕기 힘들어하는 내 심정을 당신은 전혀 모르고 있군요" 가 불화의 실마리가 됩니다. 그래서 행복한 관계에서 주의 깊게 살펴보아야 할 주요 개념이 있다면 '공감', '이해', '마음의 지지', '긍정적 지원' 등에 관한 것입니다. 사실, 의지, 감정 중에서 가장 중요한 것은 사실의 규명, 의지적 결단이 아니라 감정적 이해입니다. 행복의 열쇠는 바로 감정을 읽는 것에 좌우된다는 이야기를 나누려고 합니다.

같은 상황에서 느끼는 다른 감정

경훈이는 다운증후군으로 지적 장애가 있습니다. 부모님은 늘 경훈이의 도벽 문제로 다툽니다. 하루는 동네 슈퍼 주인에게서 전화가 왔습니다.

"경훈이가 오늘도 과자를 집어갔습니다. 어떻게 하죠?"

어제오늘의 일이 아니었고, 아이의 도벽은 늘 고민이었습니다. 그래서 어머니는 집에 돌아온 남편에게 말했습니다.

"경훈이가 오늘도 슈퍼에서 과자를 훔쳤대요."

"우리 경훈이라고 누가 그래? 왜 경훈이만 의심해!"

아이의 도벽을 인정하고 싶지 않은 아버지, 경훈이의 도벽 때문에 고민하는 어머니. 늘 벽에다 대화하듯이 두 사람의 대화는 평행선을 걸었습니다.

사실 아버지와 어머니는 아이의 도벽에 대해 생각이 조금 달랐습니다. 어머니는 경훈이에 대한 이웃들의 감정을 속상해하고 있었습니다.

"경훈이가 도벽을 고쳐야 사람들이 경훈이를 좋아할 텐데. 아빠랑 이 부분에 대하여 허심탄회하게 의논하고 싶어요."

하지만 아버지의 마음은 조금 달랐습니다. 장애를 이해하지 못하는 아내에게 불만이 있었습니다.

"우리 경훈이가 잘 몰라서 그러는 건데… 어른들이 특히 경훈이 엄마가 이것을 잘 이해하지 못하는 것 같아요."

경훈이 부모 모두 아이의 도벽에 대해 고민하지만, 이에 대한 정서적 태도가 달랐습니다. 그리고 서로 자신의 마음을 이해해 주기를 바라고 있었습니다.

귀로 들리지 않는 서로의 마음은 어떻게 읽을까?

효정이는 자폐가 있습니다. 그래서 자주 반향어를 하는 특징이 있습니다. "효정아, 배고프니?"라고 물으면, 효정이는 "효정아, 배고프니?"하고 대답합니다. 반향어反響語, echolalia란 산에서 "야호" 했을 때 "야호"라고 메아리로 돌아오듯이 대답하는 것을 합니다. 반향어는 즉각 반향어와 지연 반향어로 구분합니다.

즉각 반향어immediate echolalia는 "이게 뭐야"라고 물으면 똑같이 "이게 뭐야"라고 답하는 것입니다. 지연 반향어delayed echolalia는 TV 광고를 듣고 얼마간의 시간이 지난 후에 그 문구를 그대로 반복하는 것입니다. 부모님은 효정이의 이런 반향어가 답답했습니다.

그러나 어머니는 희망을 품었습니다. 질문에 같은 말로 대답하는 것은 말을 할 수 있다는 것이고, 그대로 말할 수 있는 능력이 있다는 것입니다. 엄마 아빠가 말하는 어휘와 문장을 따라 수많은 반복을 하면, 어느새 상황에 적합한 말을 할 수 있지 않을까 하는 기대를 하게 된 것입니다. 그래서 같은 말을 수없이 반복하기도 하고 때로는 "엄마는 밥 먹고 싶단다"하고 주어를 어머니로 바꾸어서 말하기도 했습니다.

그렇지만, 효정이 아버지는 이런 아내가 못마땅합니다. 사실 그 이유는 반향어가 아닌 다른 데 있습니다. 아내가 마음이 급해서 효정이 아버지를 야단치듯이 훈계하고 있다는 점 때문입니다. 아내가 효정이에게도 그렇게 할까 봐 걱정입니다.

"효정이는 언젠가 변화되겠지요. 그런데 효정이 엄마가 너무 급한 것 같아요. 그래서 기대만큼 효정이가 못하게 되면 먼저 실망할까 걱정되는 거예요."

아버지는 어머니가 실망할까 걱정을 하고, 어머니는 아버지가 효정이의 능력을 평가절하한다고 못마땅해합니다. 두 분은 서로에게 가지고 있는 마음을 읽지 못하기에 힘들어하고 있습니다.

보이지 않는 감정에 집중하기

보람이는 지적 장애가 있습니다. 보람이는 부모님이 자신의 마음을 이해하지 못해서 속상합니다. 장애등급은 3급이지만, 자신을 다른 지적 장애아이와 똑같이 바라보는 시선이 싫습니다. 보람이는 천안에서 서울에 있는 집까지 지하철로 혼자 왔다 갔다 할 수 있거든요. 책도 많이 읽고 다른 친구들과 대화도 잘합니다.

"저는 혼자 잘 할 수 있어요. 기숙사에서 다른 친구들과도 잘 지내요."

보람이는 항상 당당하게 말합니다. 그런데 부모님은 자신을 어엿한 청년으로 바라보지 않는 것 같습니다. 보람이는 취업 준비를 하고 있습니다. 이력서를 써서 모의 면접에도 참여하려고 합니다. 그래서 아버지에게 이력서를 보여 드렸습니다.

"아버지, 저 취업하려고 이력서를 쓰고 있어요!"

아버지는 이력서를 보시곤 대답했습니다.

"보람아, 네가 쓴 이력서는 보완할 게 많구나."

그러자 어머니가 말했습니다.

"보람이가 한 달째 준비해서 썼어요. 잘 썼는지 모르겠어요."

그러다 부모님 사이에 다툼이 일어났습니다.

"보람이가 이 정도면 잘 썼지 더 어떻게 잘 써. 나머지는 내가 도
와주면 되지."

아버지의 말에 어머니가 대답했습니다.

"한 달 준비해서 쓴 것이 그 정도인데, 나머지도 보람이에게 맡
겨요."

보람이는 속상합니다. 이력서를 아버지에게 보여드릴 때 기대한
건 이런 게 아니었습니다. "노력을 많이 했구나. 조금 더 노력하면 훨
씬 나아질 거야"하는 기대였습니다. 보람이도 알고 있습니다. 조금 부
족한 것을 말이죠. 다만 자신의 마음을 알고, 노력을 함께 기뻐하고 기
대해주는 부모님을 바랐습니다. 그러나 부모님이 마음을 몰라준 것 같
아서 섭섭해합니다.

사실은 아버지, 어머니도 보람이가 이 정도 이력서를 쓰기까지 얼
마나 노력했는지 알고 있습니다. 수고했다고 칭찬해주고 함께 기뻐하
려고 했는데, 미처 그러지 못한 것이죠.

"눈에 보이는 이력서 글자에 집착하다 보니까 보람이를 격려하지 못했네요."

모두 같은 마음이었는데, 서로에게 상처만 주고 말았습니다.

진심이 전해질 때

다솔이는 병원에서 생활하고 있는 중증 장애인입니다. 다솔이는 늘 침대 옆에서 병간호하는 어머니에게 감사하고 있습니다. 최근에는 호흡하는 일이 힘들어서 흡입기suction를 기도에 설치했습니다. 흡입기를 통해 기도에 있는 불필요한 것을 빼내고, 호흡을 원활하게 하기 위해서입니다.

다솔이는 병문안 오시는 분들이 난처할 때가 한두 번이 아닙니다. 언제부터 흡입기를 했느냐? 언제쯤 제거하느냐? 낫기는 하느냐? 얼마나 아프냐? 엄마가 얼마나 힘들겠냐? 등 병실에 오시는 분들이 한마디씩 대답하기 힘든 질문을 합니다. 맨 처음에는 자세히 설명했습니다. 아는 만큼 대답하기도 했습니다. 그러나 이제는 다솔이 어머니도 지치고, 그런 어머니를 보고 있는 다솔이도 힘들어합니다. 그래도 어머니는 불평이 없습니다. 그저 다솔이 얼굴을 바라보고 있을 뿐입니다. 다솔이는 호흡하기 힘들어서 고통스러울 때 어머니 얼굴을 쳐다봅니다. 태연한 것 같지만, 사실 다솔이 보다 더 힘들어하는 어머니의 마음을 읽을 수 있습니다.

"엄마, 난 괜찮아. 이겨낼 수 있어!"

다솔이는 힘들게 말합니다. 위로하기 위해서 하는 말입니다. 어머니 마음이 얼마나 힘든지 알 수 있기 때문입니다. 어머니도 다솔이의 말뜻을 압니다. 마음을 읽어내셨기 때문입니다.

"그래, 우리 함께 이겨내자!"

어머니는 다솔이의 손을 꼭 잡았습니다. 어머니 손에서 느껴지는 따스함은 의사 선생님의 치료 그 이상의 힘과 믿음이 됩니다. 아마 그 믿음 때문에 다솔이는 내일이라도 침대에서 일어날 것 같습니다.

아버지도 오셨습니다.

"다음 주에 내가 하루 휴가 내기로 했어. 다솔이 옆에 있으려고. 당신은 그때 처가에 갔다 오구려!"

"아니에요. 그날 우리 둘이 같이 다솔이와 함께 지내요"

다솔이 어머니는 남편이 던진 "처가에 갔다 오구려"라는 말에서 "나는 당신을 누구보다도 사랑해요"라는 고백을 읽었습니다. 말없이 어머니를 품에 꼭 안아주시는 아버지의 모습을 보면서 다솔이는 행복합니다. 무엇보다 마음을 읽어주는 어머니, 아버지가 함께 있으니까요.

마음을 읽는 훈련

겉으로 드러나는 말이나 사실보다 배경이 되는 감정을 읽을 수 있을 때, 행복한 가정을 만들어 갈 수 있습니다. 감정은 언어적 의사소통보다 더 중요한 비언어적 의사소통의 한 부분입니다. 종종 일어난 사실보다는 얼굴에 나타난 표정을 읽는 것이 중요합니다. 분노해서 비논리적으로 뱉어진 말보다는 미안해하는 손짓이 더 중요합니다. 표정, 손짓에 나타난 감정을 먼저 읽을 수 있어야 합니다.

　의사소통을 잘하려면 행간을 읽으라는 말이 있습니다. 즉 상대방의 말이 의미하는 뜻과 의도, 그 말 속에 담긴 감정적 표현을 잘 읽으라는 것입니다. 장애 자녀를 두고 대화하는 부부 사이에, 장애 자녀와 부모 사이 대화의 행간에서 감정을 읽어내는 훈련이 매우 중요합니다. 행복을 향해 한 걸음 더 가까이 걸어갈 수 있을 것입니다.

　체크아웃

　*나는 내 마음과 기분을 잘 알아주고 있나요? 내가 어떤 말과 행동을 했던 원래의 진심은 무엇이었나요? 가시 돋친 말과 행동은 체에 걸러내고 보드라운 진심을 다시 전달해보세요.

　*나는 상대의 마음과 기분을 잘 알아주고 있나요? 상대가 어떤 말과 행동을 했던 원래의 진심은 무엇이었을까요? 가시는 걸러내고, 읽어 낸 진심만 다시 상대에게 들려주세요. "내가 이렇게 이해했는데, 이것이 당신의 마음이 맞나요?"

부모가 보여주는 행복의 길

장애 자녀의 행동에 대해 걱정하는 가정을 많이 봅니다. 또한, 비장애 자녀들이 갖는 부정적인 감정과 소극적인 행동을 염려하는 부모님도 많이 만납니다. 어떤 경우에는 교육과 정서적 치료를 통해서 도움을 얻을 수 있습니다. 하지만 많은 경우 자녀의 행동은 형제의 장애보다는 부모가 보여주는 행동 때문에 초래되는 경우가 많습니다. 쉽게 말하면 장애가 있든 없든 자녀들은 부모들의 행동을 무의식적으로 따라 한다는 것입니다. 자녀의 행동 때문에 고민하지만, 알고 보면 그 뿌리는 친구나 외부환경이 아니라 바로 부모의 행동인 것입니다. 따라서 자녀들이 바르게 행동하고, 행복한 가정이 되기 위해서는 먼저 부모님들이 '나는 어떻게 행동하고 있는가?'를 돌아보아야 합니다.

본대로 따라 하는 아이

동훈이 아버지는 깜짝 놀랐습니다. 지적 장애가 있는 동훈이의 어투와 행동이 본인을 닮아가고 있다는 생각이 들었기 때문입니다. 아버지는 말하기 전에 먼저 사람을 툭툭 치는 버릇이 있었습니다.

"여보! 커피 어디 있어? 커피 한잔 마실까?"

그러면서 이미 손은 아내의 어깨를 툭툭 쳤습니다. 그런데 그런 행동이 동훈이에게도 그대로 보이는 것입니다. 동훈이는 말을 잘하면서도 무엇인가 부탁하려면 엄마의 어깨를 팔로 툭툭 쳤습니다. 하루는 아내의 비명이 들렸습니다. 깜짝 놀라 방에 들어가 보니 동훈이가 엄마를 세게 친 모양이었습니다.

"동훈아, 너 왜 그러니? 왜 엄마를 자꾸 때려?"

"여보! 요새 동훈이가 학교에서도 아이들을 이렇게 툭툭 친다고 선생님이 전화하셨어요."

아버지는 동훈이가 집에서, 학교에서 보이는 행동의 원인이 자신일지도 모른다는 생각에 당황했습니다. 아내의 이야기를 듣고 깊이 고민하기 시작했습니다. 그리고 결심했습니다.

"제가 변화하기로 다짐했습니다. 희망이 생긴 것 같아요. 동훈이가 아버지의 행동을 본받으니까. 제가 변화되면 동훈이도 달라지겠죠?"

어머니도 동훈이가 바뀔 것이라고 기대하고 있습니다.

"사실 동훈이가 우리의 행동을 따라 할 줄 몰랐거든요. 동훈이 때문에 남편도 변하고. 저에게 더 많은 사랑이 부어지는 것 같아요. 그리고 저도 행동이 조심스러워져요."

행복을 물려줄 수 있다면

선미 동생 제구는 자폐아입니다. 부모님은 제구가 자폐라는 사실을 알고 나서 열심히 복지관에 다녔습니다. 덕분에 선미도 차에 함께 타고 다니는 것이 일상이었습니다. 처음에는 얌전한 제구와 함께 뒷좌석에 앉아있는 것이 지루했습니다. 그러다 어느 순간부터인가 부모님이 나누는 대화에 귀를 기울이게 되었습니다. '자폐'가 무슨 뜻인지 몰랐지만, 복지관을 오고 가면서 부모님이 하는 대화를 통해서 제구가 자폐라는 사실을 알게 되었고, 동생이 하는 행동을 이해하게 되었습니다.

부모님은 제구 때문에 선미를 차별하거나 강요하지 않았습니다. 물론 제구를 차별하는 모습도 보여주지 않았습니다. 그보다는 늘 부모교육을 받는 모습, 공부하는 모습, 인격적으로 대화하는 모습, 무엇보다 엄마를 사랑하는 아빠, 아빠를 사랑하는 엄마의 모습이 선미에게 익숙한 것이 되었습니다.

"선미야! 제구와 같이 축구 하자!"

선미는 아빠의 부름에 기꺼이 축구 하러 갑니다. 물론 제구는 축구공과 무관하게 놀고 있지만, 그래도 축구를 하면서 제구와 상호작용하려는 아빠의 모습을 봅니다.

고등학교 입학을 앞에 두고 선미는 진로를 결정했습니다.

"저는 교육대학교에 가서 초등학교 선생님이 될래요. 그리고 대학원에서 가서 특수교육을 공부하려고 해요. 아마 박사가 되어 있다면, 특수교육 박사가 되어 있을 거예요."

선미는 미래에 대해 당당하게 이야기합니다. 손을 뿌리치려는 제구의 손을 잡고 부모님과 함께 동네 놀이터로 나가면서 말했습니다.

"저는 엄마 아빠의 영향을 제일 많이 받았어요. 제구는 제가 가장 사랑하는 동생이에요. 아마 동생을 사랑하게 된 것도 엄마 아빠 때문일 거예요."

부모님은 선미와 제구가 행복한 아이의 삶을 살 수 있도록 본이 되고 있었습니다.

반짝반짝 빛나는 마음

영수 씨는 구두를 닦으며 열심히 살아가고 있습니다. 그는 항상 기쁩니다. 아버지를 자랑스러워하는 딸 미영이가 있기 때문입니다. 영수 씨는 어렸을 때 소아마비에 걸려 지체 장애를 갖게 되었습니다. 힘들게 중학교, 고등학교까지 졸업했지만, 대학에 가기보다 독립해야겠다는 생각을 강하게 갖게 되었습니다.

"저는 다리가 불편해서 기술을 배워서 독립하려고 했습니다. 부모님에게 짐이 되지 않겠다는 것이 가장 중요한 생각이었습니다."

영수 씨는 일찍이 자신에게 손재주가 있다는 사실을 알게 되었습니다. 그래서 전파상을 차리기 위해서 TV 기술학원에 다녔습니다. 그러나 다리가 불편한 자신이 하기에 어렵다는 생각이 들어, 구두를 닦는 이웃 아저씨의 도움을 받아서 구두 닦는 일을 배우기 시작했습니다.

"제가 손으로 할 수 있는 최선의 일이 구두를 닦는 일이었습니다."

영수 씨는 열심히 구두를 닦고, 자신이 닦은 구두를 신고 다니는 분들의 모습을 보면서 흐뭇해했습니다. 그러던 중 자연스럽게 구두를 수선하는 기술을 배웠고, 하나둘 기술이 발전해갔습니다. 그러던 어느 날, 늘 구두수선을 맡기던 아가씨와 결혼을 하여 꿈에도 생각하지 못했던 미영이의 아빠가 되었습니다.

"저는 그 아가씨가 제 아내가 될 줄은 생각도 못 했습니다. 그런데 너무도 자연스럽게 구두를 수선하는 시간에 나누던 대화가 데이트가 되고, 저도 모르게 청혼하게 되었습니다."

"미영이 아빠가 너무 성실하더라고요. 지체장애인이라는 사실을 잊을 정도로 앉아서 열심히 일하시는 분이었어요. 그래서 청혼을 하길래 저도 모르게 좋다고 했지요."

"반대가 왜 없었겠어요. 제가 일하는 구두수선가게를 다 부수기도 하였지요. 그렇지만, 결국 우리는 지금 이렇게 살고 있잖아요?"

미영이는 지체 장애가 있는 아버지를 보면서 자랐습니다. 저녁때가 되면 아버지를 모시러 가는 어머니의 손을 잡고 구두수선가게와 집을 오고 가는 길이 너무 좋았습니다. 그리고 미영이가 초등학교에 입학했습니다.

"제가 3학년 때였어요. 우리 반에 휠체어를 타는 정순이란 애가 전학 왔어요. 그래서 제가 손을 번쩍 들었지요. 정순이 짝이 되겠다고."

미영이는 집에 돌아와서 휠체어를 타는 정순이 짝이 되었다는 소식을 영웅담 늘어놓듯이 엄마 아빠에게 주절주절 이야기했습니다.

아버지는 미영이를 격려했습니다.

"미영아, 너 잘했다. 좋은 친구가 되어라!"

미영이는 정순이를 자랑합니다.

"우리 친구 중에 휠체어를 잘 다루는 아이가 저밖에 없을걸요? 그리고 정순이는 공부도 잘해요. 제가 어려운 것이 있으면 정순이가 잘 가르쳐줘요."

그리고 미영이는 늘 이렇게 말합니다.

"우리 아빠가 세상에서 제일 자랑스러워요. 우리 아빠가 다리가 불편하다는 생각을 안 해봤어요. 나를 제일 사랑하는 사람은 우리 아빠예요."

미영이 어머니 아버지는 오늘도 반짝반짝 빛나는 구두에 비친 미영이 얼굴을 생각하면서 힘차게 살아갑니다.

행동 DNA

머레이 보웬Murray Bowen, 1913~1990은 다세대 전수과정 multi-generational transmission process과 분화된 자아differentiated self라는 용어로 가족의 영향이 세대 간에 미치는 결과를 주장했습니다. 그

는 부모의 행동은 자녀 세대를 넘어서 그다음 세대까지 전수될 수 있다고 주장했습니다. 여기에서 벗어나는 길은 부모와 자신을 구별하는 자아를 만들어가는 것이라고 했습니다.

우리는 부모의 언어습관, 행동이 자녀에게 무의식 속에 전달되고 학습되고 있다는 사실을 잊기 쉽습니다. 어느 순간 자녀의 모습 속에서 '싫어하는 자신의 모습'을 발견할 때 깜짝 놀랍니다. 물론 '존경받을 만한 자신의 모습'을 발견하면 더욱 좋겠지요. 이를 위해서는 인격적이고 건강한 부부 관계의 모습을 유지하는 것이 매우 중요합니다. 그러한 모습은 자연스럽게 장애 자녀, 비장애 자녀에게도 긍정적인 영향을 주게 될 것입니다. 행복한 부모의 DNA를 물려받을 뿐 아니라 건강한 언어, 바람직한 행동을 배운다면, 이러한 자녀를 바라보는 부모도 행복할 것입니다.

체크아웃

*온 가족이 손을 맞잡고 둥글게 앉아보세요. 우리는 모두 연결되어 있습니다.

*자기 귀에 들릴만한 작은 소리로 "나는 내가 행복하길 바랍니다."라고 세 번 이야기해보세요. 다음으로 한 사람씩 바라보면서 마음 속으로 "나는 당신이 행복하길 바랍니다." 라고 말해보세요. 마지막으로 다함께 "우리 모두가 행복하기를 바랍니다" 라고 세 번 이야기해보세요.

4부

\#

맞닿을 때 모두를 살게 하는 따스한 온기,

그보다 더 소중한 것이 있을까.

# #
이웃과 손에 손잡고

장애인 혹은 장애인 가정으로 살다 보면 자연스럽게 사회와의 관계를 소홀히 하게 됩니다. 장애인으로 살아가면서 겪게 되는 사회적 장벽이 있고, 장애 자녀의 재활에 힘을 쏟으면서 인간관계가 소원해지기 때문입니다. 주변의 장애인 혹은 장애인 가정끼리 만남을 유지하면서 서로 위로가 되기도 하지만, 어느 순간 사회 안에 살면서 외딴 섬에 살고 있다는 생각이 들기도 하고 외로움을 겪기도 합니다. 좀 더 정상적인 사회적 관계가 필요하다는 것을 부정할 수 없습니다. 행복한 삶은 특정한 관계보다는 일반적인 관계를 통해 삶을 유지할 때 가능하지 않을까요? 의도적으로 많은 이웃을 만들고 유지하는 가정이 될 때 보다 더 행복할 수 있을 것입니다.

보이지 않는 버팀목, 좋은 이웃

민수가 자폐란 사실을 알고 난 다음부터 어머니의 모든 관심은 민수를 위해서 무엇을 해야 할 것인가에 집중되어 있었습니다. 그래도 다행히 주변에 있는 분들이 많은 조언을 해주었습니다.

"치료실이 어디가 좋더라. 자폐에 도움이 되는 음식은 이러한 것이 있다. 어느 복지관에 가면 어떤 서비스가 있더라."

맨 처음에는 무엇을 선택해야 할지, 어떤 것이 더 좋은 것인지를 알 수 없어서 혼란스러웠지요. 그래서 주변 사람들의 권고와 권면이 한동안 힘이 되었습니다. 그러나 어느 순간부터 민수 어머니 주위에 사람이 없다는 사실을 알게 되었습니다. 민수의 재활 치료에 집중한 나머지 아무것도 보지 못했던 것입니다. 그렇게 친절한 조언을 해주었던 분들과의 관계가 끊어졌다는 사실을 알지 못했습니다. 4년이 지난 지금, 민수 어머니는 다시금 이웃들과 함께 하는 시절을 그리워합니다. 하지만 아직도 민수에게 재활 치료가 필요하다는 생각 때문에 어떻게 해야 할지 망설이고 있습니다.

끊어진 관계 회복을 위한 노력

동균이 어머니는 장애아전담 어린이집을 찾았습니다. 맨 처음에는 어린이집에서 동균이를 종일 맡아준다는 사실에 걱정이 많았습니다. 그렇지만 점점 익숙해졌습니다. 어린이집에서 무엇을 가르치는지 관심도 많았습니다. 매달 열리는 어머니 교실에도 부지런히 나가서 어머니들과 친분도 많이 쌓았습니다. 동균이 아빠를 설득해서 부부 교실에도 나갔습니다. 유익한 내용을 들으면서 아이를 잘 키워야겠다고 생각하고 다짐도 했습니다.

그렇게 시간이 1년쯤 흘렀습니다. 언젠가부터 어머니는 동균이가 어린이집에서 일찍 오는 날이 버거워지기 시작했습니다. 그래서 서서히 어머니 교실을 향한 발걸음도 뜸해지고 친구 모임, 동창회 모임에도 나가지 않은 지도 오래되었습니다. 동네 아주머니들과 함께 하는 커피숍에도 별로 가지 않게 되었습니다. 지금 동균이 어머니는 매우 외롭습니다.

"누구에게 도움을 요청해야 할지 모르겠어요. 학교에 갈 때, 어려운 일이 있을 때 누구에게 물어봐야 할지, 또 통합교육을 해야 하는지, 아니면 지금처럼 특수학교에 가야 하는지 모든 것이 고민스러워요. 지금이라도 다시 자연스럽게 사람들을 만나야 하는데…"

동균이 어머니도 다양한 사람과 만나고 싶은데, 어느 순간 끊어져 버린 인간관계를 어떻게 회복해야 할지 고민하고 있습니다.

이웃을 만나 나누는 온기

대석이는 편마비에 지적 장애가 있었습니다. 어머니는 아이 때문에 늘 고민이 많았고, 그래서 병원 이외에는 출입을 하지 않은 채 집에만 있었습니다. 어느 날부터 대석이를 주간 보호 시설에 맡길 수 있었습니다. 덕분에 낮에 시간이 생겼습니다.

하지만 대석이 어머니는 바깥 생활을 하는 것이 두려웠습니다. 마침 배우게 된 컴퓨터를 통해서 채팅이라는 것을 하게 되었습니다. 얼굴을 보지 않은 채 자신의 고민을 털어놓을 수 있었고, 누군가가 이에 대해서 공감을 표해주는 일에 위안이 되었습니다. 처음에는 유익했고 도움이 되는 것 같았습니다.

그러나 어느 날 가정생활도 도외시하고, 대석이에게 무관심한 자신을 돌아보게 되었습니다. 모든 관계가 없어졌을 뿐 아니라 대석이와 어머니 자신에 대한 자신감이 없어진 것을 알게 되었습니다. 그래도 대석이 어머니는 결단력이 있어서 인터넷 모임을 멈췄습니다. 하지만 이제는 우울증을 겪고 있습니다. 온라인 속 만남이 아니라, 실제로 다른 사람과 만나는 관계를 갖고 싶어 합니다.

적극적으로 관계 맺기

상렬이는 뇌병변 1급입니다. 상렬이 어머니는 학교와 복지관에서 진행하는 어머니 교실에 매우 적극적으로 참여합니다. 처음에는 장애 자녀에 대한 정보를 배우러 나갔습니다. 그러다가 어머니끼리 대화하면서 새로운 세상을 알게 되었습니다. 장애 자녀를 키우는 일이 '나 혼자만의 일'인 줄 알았는데, 아픔을 겪는 사람들이 많이 있고, 자신의 고민을 주고받을 수 있다는 것이 매우 좋았습니다.

상렬이 어머니는 아이가 물리 작업치료를 받을 때 부모 대기실에 가만히 앉아있지 않습니다. 치료실에 들어가서 치료사 선생님에게 궁금한 것을 하나하나 물어봅니다.

"선생님 우리 아이 지금 수준이 어떠합니까?"

"선생님 지금 하시는 부분은 어떤 효과가 있습니까?"

"선생님 집에서 제가 할 수 있는 일을 가르쳐 주세요."

치료사 선생님이 하는 치료행위를 꼼꼼하게 지켜보았습니다. 필기도 하고 틈이 나면 집에서 직접 해보았습니다. 그러다 보니 복지관과 병원의 치료사 선생님들 대부분을 알게 되었습니다. 이뿐 아닙니다. 복지관에 뇌병변 장애 자녀를 데리고 오는 어머니들에게 자신이 경험한 치료에 관해 대화하면서 서서히 멘토가 되었습니다. 가끔 시간을 내서 아이들과 함께 어린이 공원, 연극 구경, 만화 공원 등을 다닙니다.

명선이 어머니도 관계를 맺는 일에 매우 적극적입니다. 명선이는 지적 장애 1급입니다. 어느 날, 어머니는 자신에게 우울증이 있다는 것을 알게 되었습니다. 그런데 마침 복지관에서 우울증을 앓고 있는 사람들을 대상으로 연극치료라는 프로그램을 시행하고 있었습니다.

어머니는 연극치료에 참여하면서 자신 안에 있는 놀라운 끼를 발견하게 되었습니다. 그렇게 새로운 삶을 살고 있습니다. 지금은 복지관, 학교 운영위원회에 참여하면서 다른 어머니들을 대표해서 의견을 전달하기도 하고, 장애 아동 어머니들을 위한 프로그램을 더 운영해 달라고 요구하기도 합니다. 어느새 보람된 삶을 사는 자신을 발견하게 되었습니다.

동네 카페가 된 석철이네

석철이는 시각장애 1급입니다. 아이에게 시각장애가 있다는 것을 알게 된 것은 돌 무렵이었습니다. 어느 날 옆집 만수 어머니가 조심스럽게 건네는 말에 충격을 받았습니다. 아이가 일평생 앞을 보지 못한다고 생각하니 앞이 깜깜했습니다.

'앞으로 우리 석철이는 어떻게 살아야 하나? 어떻게 어둠 속에서…'

다른 어머니들이 그렇듯 석철이 어머니도 일정 기간 충격에서 벗어나지 못했습니다. 캄캄한 미래를 살아야만 하는 것 같았습니다. 아이가 세 돌이 되었을 때, 어머니는 장애 자녀 어머니 모임에 참여했습니다. 그리고 곰곰이 생각했습니다.

'석철이가 길을 잃으면 어떻게 하지? 혹 석철이가 어려움에 빠지게 되면 누구에게 도움을 청하지? 석철이가 학교에 갈 텐데 언제까지 내가 도와야 하지? 석철이도 함께 할 친구가 필요하지 않을까?'

떠오르는 중요한 질문을 메모지에 써가면서 어떻게 해결할지 고민하다가 중대한 결단을 내렸습니다. 먼저 가까이 사는 이웃집 아주머니와 커피를 함께 하면서 지내기로 했습니다. 의도적으로 옆집 아주머니에게 말을 걸었습니다. 자연스럽게 석철이에게 시각장애가 있다는 사실도 알렸습니다.

처음에는 동정과 안타까움의 눈빛으로 대하던 이웃들이 자연스럽게 석철이를 대하게 되었고, 석철이도 동네 아주머니들에게 귀염과 사랑을 받는 여느 아이 중 하나가 되었습니다. 어느덧 석철이네 집은 '동네 카페'가 되었습니다. 덤으로 석철이에게는 많은 친구가 생겼습니다. 도시 한가운데에서는 옆집에 누가 사는지도 모르고 살아가는 것이 당연한 것처럼 생각되지요. 그런데 석철이가 사는 동네는 그렇지 않습니다.

"석철이 엄마! 커피 한잔해요. 내가 커피 타갈게요!"

"석철이 엄마, 향란이 엄마예요. 지금 아이스크림 사서 댁으로 가고 있어요."

종종 석철이네 집에 커피 한 병을 들고 오기도 하고, 어떤 어머니는 아이스 커피를 만들어 오기도 합니다. 석철이네 집에서 이러저러한 이야기가 오가고, 지역사회 정보를 주고받기도 합니다. 최근에는 등산을 좋아하는 동네 언니를 만나서 가끔 등산도 가고, 주민센터에서 하는 요가 교실에도 적극적으로 참여합니다.

석철이 어머니는 많은 이웃과 교제하면서 장애 자녀를 키우는 일로 인한 스트레스를 줄였을 뿐 아니라 또 다른 기쁨을 만끽하면서 살아갑니다. 종종 동네 아주머니들은 이렇게 말합니다.

"석철이 엄마 대단해! 석철이를 잘 키우잖아. 석철이 봐. 얼마나 밝은지. 석철이에 비하면 우리가 더 그늘져 있는 것 같아!"

석철이네 가정은 다른 가정처럼 평범하게, 오히려 더 행복하게 살아가고 있습니다. 무엇보다 석철이에게 친구가 많아졌다는 사실에 즐거움이 넘친다고 합니다.

깊고 넓게 펼치는 행복의 그물망

사회적 지지망이 많은 가정이 그렇지 못한 가정보다 행복지수가 높습니다. 사회적 지지망이란 평소에 정보를 교환하고 마음을 주고받을 수 있는 관계를 말합니다. 멀리 있는 사람이 아니라 가장 가까이 사는 이웃이나 친척이 일차적 지지망의 대상입니다.

장애 자녀 어머니가 장애 자녀 때문에 관계를 끊고 외딴 섬에 있는 것처럼 살면 행복보다는 불행에 더 가까울 수 있습니다. 행복한 가정이 되기 위해서는 일차적으로 장애 자녀를 양육하는 어머니 아버지들과의 관계를 적극적으로 맺고 유지하는 것이 매우 중요합니다.

나아가 더 적극적인 방향에서 동네 이웃과의 관계를 형성하고 유지하는 것은 행복한 가정을 만들어가는 데 효과적이고 효율적입니다. 이웃이 나에게 다가오기를 기다리기보다 이웃에게 마음을 열고, 가정을 개방해서 이웃에게 나아가 보세요. 처음에는 힘들겠지만, 이웃과 담을 쌓고 사는 외로운 현대인에게 피로 해소제가 될 것입니다. 이웃에게 나아가고 의미 있는 관계를 맺어 사회적 지지망을 폭넓게 유지할수록 장애 자녀 가정의 행복지수는 더욱 높아질 것입니다.

> ### 체크아웃
>
> *연락하고 싶은 사람이 있나요? 용기 내어 연락해보세요.
>
> 어쩌면 그도 당신의 연락을 기다리고 있을지도 몰라요.

# #
행복을 엮는 친구 사이

모든 부모님은 장애 자녀들이 비장애 친구를 많이 사귀기 바랍니다. 그러면서도 혹 비장애 친구들로부터 상처를 받지 않을까 하는 걱정도 많이 합니다. 이런 두 가지 마음이 있기에 걱정이 사라질 날을 찾기가 어렵습니다. 그렇지만 적극적으로 친구를 사귀도록 해야 합니다. 상처를 주는 친구도 있지요. 그러나 우정을 나누는 친구가 더 많다는 사실을 기억해야 합니다. 특히 장애 자녀가 친구 관계를 잘 맺는 데는 가정의 역할이 중요합니다. 몇 가지 사례를 통해 가정과 학교에서 부모님과 선생님이 어떤 역할을 할 수 있을지 생각해 보려고 합니다.

소외당하는 아이들

준서는 지적 장애 아동입니다. 부모님이 열심히 조기교육을 해서 준서는 일반 학교에 다닐 수 있게 되었습니다. 학습적인 부분은 조금 부족하지만, 의사소통능력은 그다지 부족하지 않았습니다. 그래서 부모님은 일반 학교에 가서 조금만 도와주면 학교생활을 잘할 거로 생각했고, 또 그런 능력이 있다고 믿었습니다.

"엄마! 학교에 다녀올게요"

씩씩하게 학교 정문에서 손을 흔들며 교실로 뛰어가는 준서를 보면서 어머니의 마음에 기쁨이 넘쳤습니다. 수업이 끝나면 어머니는 늘 물어봅니다.

"준서야, 오늘 누구랑 친구가 됐어?"

학교생활에 대한 어머니의 관심 중 8할은 아이가 친구와 어떻게 지냈을까 하는 것에 대한 부분이었습니다. 물어볼 때마다 준서의 대답은 늘 같았습니다.

"짝꿍과 잘 지냈어."

그러던 어느 날이었습니다. 준서의 표정이 그다지 밝지 않았습니다. 가끔은 학교에 가고 싶지 않아 하는 모습도 보였습니다. 마침 같은 학교에 다니는 명철이에게 물어보았습니다.

"명철아! 우리 준서, 아이들과 잘 지내지?"

그러자 명철이의 입에서 놀라운 대답이 터져 나왔습니다.

"아이들이 매일 준서를 힘들게 해요. 공책도 빼앗고, 건들기도 하고, 어떤 아이는 준서를 때리기도 해요."

이야기를 듣는 순간, 어머니는 하늘이 무너지는 것 같았습니다. 다음 날 어머니는 학교 선생님에게 강하게, 간곡하게 부탁했습니다.

"우리 준서가 왕따를 당하고 있대요. 선생님, 그런 일이 생기지 않도록 잘 부탁합니다."

다음날 선생님은 학생들에게 이같이 지시했다고 합니다.

"앞으로 준서를 힘들게 하거나 괴롭히면 안 돼."

2주 후, 어머니는 준서에게 물어보았습니다.

"준서야, 친구들이 또 괴롭히니?"

그러자 준서가 말했습니다.

"엄마, 친구들이 말도 걸지 않아요."

준서 어머니는 또 다른 숙제를 안게 되었습니다.

혼자이고 싶지 않아!

지체 장애가 있는 한석이는 다리가 불편해서 목발을 짚고 학교에 다닙니다. 늘 하는 고민은 가방을 들고 다니는 일입니다. 종종 친구들이 가방을 들어줘서 항상 고마운 마음이었습니다.

"인규야! 고마워. 명균아! 고마워"

'고마워!' 라는 말은 생활이 되었습니다. 학교와 집을 오갈 때, 가방을 들어주는 친구와 다정하게 이야기를 하곤 했습니다. 그런 친구가 있어서 한석이는 늘 자부심을 느꼈습니다.

그런데 이러한 날이 오래 가지 않았습니다. 수업이 끝나면 교실에 한석이 혼자 남아 있게 되었기 때문입니다. 친구들이 한석이의 가방을 들기 싫어서 빨리 교실을 빠져나가기 때문이었습니다. 친구들에게는 가방을 들어주어야 한다는 것이 커다란 짐으로 느껴졌나 봅니다.

한석이 혼자 학교에 가고, 집에 오는 날이 많아졌습니다. 힘든 것은 가방을 들어줄 사람이 없다는 것이 아니었습니다. 친구가 점점 줄

어들고 있다는 것이 가장 큰 고민이었습니다. 체육 시간에도, 음악 시간에도 한석이는 혼자였습니다. 친구가 적은 것이 학교 성적이 떨어지는 것보다 더 힘들었습니다. 그렇다고 이런 고민을 부모님에게 말할 수도 없어서 더 큰 고민에 빠져있습니다.

무관심의 장벽

민수는 자폐성 장애를 겪고 있습니다. 어느 날 학교에서 전화가 왔습니다. 민수가 교실에서 넘어져서 머리를 다친 것 같다는 이야기였습니다. 어머니는 아찔했습니다. 정신도 없었습니다. 민수가 자꾸 토하고, 잠을 자기도 하는 등 이상증세가 나타났기 때문입니다. 문제는 민수가 이런 상황에 빠진 것을 선생님도 몰랐고 아무도 관심을 가지지 않았다는 사실입니다. 어머니는 아이가 학교에서 어떻게 지내고 있는가를 어렴풋이 짐작할 수 있었습니다.

다행히도 민수의 건강에는 문제가 없었습니다. 그러나 그날 가슴이 철렁 내려앉았던 충격은 가시지 않았습니다. 어떻게 아무도 모를 수 있었을까요?

어머니는 민수에게 친구가 필요하다는 것을 알았지만, 어떻게 해야 민수에게 친구가 생길지 몰라서 고민에 빠졌습니다. 최선을 다해도 선생님에게 부탁하는 정도인데, 문제는 민수 어머니가 학교 부모교육에도 잘 참석하지 못했기 때문에 선생님과의 관계도 원활하지 못했다는 것입니다. 다만 민수에게 친구가 생겨야 한다는 확신은 깊어가고 있습니다.

모두가 자발적으로 친구가 될 수 있는 환경 만들기

예은이는 지적 장애가 있는 학생입니다. 예은이 부모님은 아이가 학교에 입학해서 만났던 담임 선생님을 잊을 수 없습니다. 선생님 덕분에 예은이에게 좋은 친구가 많이 생겼기 때문입니다. 선생님은 담임이 되는 첫날, 그 누구보다 밝고 천진난만한 예은이를 만나서 어떻게 하면 학생들이 1년 동안 행복하게 학교생활을 할 수 있을까 고민했습니다. 행복해야 할 첫 번째 대상이 바로 예은이었습니다.

선생님은 학교 내 특수교사에게 지적 장애에 대한 설명을 듣고, 반 학생들에게는 지적 장애가 아니라 예은이에 대해 자신이 아는 것을 설명했습니다.

"1년간 함께 하게 된 여러분! 나는 우리 반 모두가 행복했으면 좋겠어요. 우리 반 모두가 행복하기 위해서 먼저 예은이가 행복했으면 좋겠어요. 그러면 어떻게 해야 할까요?"

선생님의 이 질문에 학생들의 입에서 여러 가지 아이디어가 쏟아져 나왔습니다.

"선생님, 마니또나 천사 프로그램을 했으면 좋겠어요. 예은이의 천사가 되는 게임이요."

학생들의 적극적인 지지 속에서 마니또 프로그램을 진행했습니다. 학생들은 자발적으로 예은이의 마니또가 되었습니다. 매달 마니또는 바뀝니다. 마니또가 된 친구들은 예은이의 절친이 됩니다. 최선을 다해서 돕고, 또 예은이 편이 됩니다. 예은이 마니또가 된 친구에게는 선생님이 수행평가에 가산점을 제공합니다. 그래서 매달 교실의 관심사는 여기에 있었습니다.

'누가 예은이 마니또가 될 것인가?'

예은이는 이번 달에 새로 맺어진 마니또를 만나러 학교에 갑니다. 학교생활을 잘하는 예은이를 보면서 부모님은 3달에 한 번씩 학생들에게 자장면이나 피자를 쏜다고 합니다. 이래저래 예은이네 반 학생은 먹을 복이 터졌습니다.

발야구 에이스, 존의 이야기

텍사스 오스틴의 한 고등학교에서 있었던 일입니다. 한 달에 한 번씩 체육 시간에 발야구 시합을 하는데, 희한한 모습을 볼 수 있습니다. 대표가 되는 학생 둘이 가위바위보를 해서 자기 팀을 정하는데, 맨 처음 학생을 자기 팀으로 데려오기 위해 아주 열정적입니다. 얼마나 잘하기에 자기 팀으로 삼으려고 하는지 궁금하지요. 그 친구는 바로 다운 증후군이 있는 존입니다. 사실 존은 발야구를 잘하지 못합니다. 때로는 투수가 던진 공을 발로 차다가 헛발질하기 일쑤입니다.

"존과 함께 발 야구를 해야 하는데 어떻게 하는 것이 좋을까요?"

선생님의 질문에 학생들이 서로 아이디어를 제시했습니다. 잭슨이 큰 소리로 말했습니다.

"존과 함께 하는 팀에게 특전을 주면 됩니다."

마침 칼이 말했습니다.

"존이 달리기를 잘해요!"

그러자 밥이 아이디어를 내놓았습니다.

"존이 타석에 들어와서 공을 차면 무조건 홈런으로 하면 어떨까요?"

학생들은 진지한 토론 끝에 존의 역할을 정리했습니다. 그것은 존이 타석에 들어오면 1루를 통해서 2루, 3루, 그리고 홈베이스까지 쉬지 않고 달려오는 것입니다. 존이 달리기를 제일 잘한다는 일에 모두 동의했기 때문입니다. 존은 발로 공을 잘 차든 못 차든 그저 베이스를 밟으면서 그라운드를 돌면 됩니다. 존이 타석에 들어오면 어떻게 차든 홈런으로 간주한다는 것입니다. 그래서 존은 항상 4번 타자입니다. 학생들은 존을 자기 팀으로 삼으려고 경쟁하고, 존이 홈에 들어오면 친구들은 그의 이름을 외치면서 하이파이브를 합니다. 오늘도 누구 팀에 들어올 것인가에 관심을 쏟고 있습니다.

존은 발야구에 참여하면서부터 친구가 많이 생겼고, 얼굴이 더 밝아졌습니다. 부모님들이 함께 모이는 날이면, 발야구 경기 때 존이 뛰어다니는 모습이 화제가 되었습니다. 서로 친구가 되어서 자랑스러운 친구들이 이제 고등학교를 졸업합니다.

함께 나누는 우정

태연이에게는 청각장애가 있습니다. 소리로부터 차단된 태연이가 혼자 있는 것은 일상이었습니다. 그래서 부모님은 아이가 어린이집에 다닐 때부터 부모교육에는 반드시 참석했습니다. 부모들끼리 친해지면서 태연이 부모님은 수화에 대해서, 태연이의 장점에 대해서 틈만 나면 이야기했습니다. 가끔은 참석한 부모님들이 태연이에게 수화를 하루 3개씩 배우기도 했습니다. 태연이의 친구들도 자연스럽게 수화를 배우기 시작했습니다. 수화를 통해서 태연이와 다른 아이들도 사이좋은 친구가 되었고요, 부모님들의 장애에 대한 인식이 개선되기 시작했습니다.

가끔 태연이와 아이들이 다투기도 합니다. 신기한 것은 수화를 조금 알게 된 친구들이 태연이 편이 되어준다는 것입니다. 그래서 태연이는 외롭지 않습니다. 부모님은 학교 운영위원회에 참석하여 열심히 활동하고 있습니다. 태연이는 친구에게 도움을 받는 친구가 아니라 수화를 가르쳐 주고 도움을 주는 좋은 친구가 되었습니다.

장애 자녀가 친구를 만드는 일에는 부모님과 선생님의 노력이 필요합니다. 친구가 많은 장애인 친구들, 그리고 가족들은 행복할 수밖에 없습니다.

*마을에 나를 지지해주는 친구가 있나요? 그들과 함께 마을
 에서, 학교에서 자발적으로 아이와 친구가 될 수 있는 환경을
 함께 의논해 보세요.

# #

나만의 자녀가 아니라 우리의 자녀로

신은 우리 각자의 가정에 자녀를 허락했습니다. 자녀를 잘 양육하라고 말이죠. 그런데 자녀가 잘 자랐다는 것은 어떤 의미일까요? 그렇습니다. 이웃과 사회에서 일반 사람들과 자연스럽게 섞여서 삶을 누리는 것입니다. 더불어 살아가도록 양육하는 것이 잘 키우는 것이 아닐까요?

자신과 가족만을 위해 살아가는 존재가 아니라 사회적 존재로 양육할 때 잘 키우는 것입니다. 그런 의미에서 우리 가정에 태어난 장애 자녀는 나만의 자녀가 아니라 우리 자녀입니다. 우리 자녀로 양육할 때 부담은 줄어들고 행복이 배가 된다는 사실입니다. 마치 나만이 장애 자녀를 평생 책임질 수 있는 것처럼 양육하는 가정이 있습니다. 하지만 이제 생각을 바꾸어야 할 때입니다.

좋아하게 될 수밖에 없는 비결

장애 자녀를 자랑하며 데리고 다닌 부부가 있습니다. 자녀에게는 언어적 표현과 이동에 어려움이 있었습니다. 어머니는 전업주부이시고, 아버지는 출판계통에서 일하고 있는 언론인이었습니다. 이 아들이 스물세 살이 되었을 때, 저를 만났습니다. 늘 밝은 표정을 하고 사는 저마저 놀랄 만큼 얼마나 표정이 밝은지! 저를 보면 저 멀리서부터 아주 반가워합니다. 그러니 다른 사람들이 그를 좋아하지 않을 수 없었습니다. 저는 부모님에게 여쭈었습니다.

"어떻게 저렇게 구김살 없이 밝습니까?"

"어디든지 데리고 다녔습니다. 바닷가에 데리고 간 적이 있는데, 처음에는 사람들이 우리 아들을 한 번 두 번 보고 지나쳤습니다. 그다음 날에도 그 자리에 있었습니다. 그랬더니 우리 아들을 본 사람들이 다가와 손도 잡아주고, 먹을 것을 주고, 때로는 말도 걸었습니다. 사실 우리 아들은 그분들을 볼 때 자연스럽게 대했어요. 그런데 사람들이 어색해했을 뿐입니다."

아주 중요한 이야기였습니다. 부모님은 장애 자녀를 데리고 다니거나 사람들 앞에서 내세우는 일에 위축되지 않았습니다. 당당했고, 자연스러워했습니다. 장애를 겪는 아들도 그러한 상황이 낯설지 않았습니다. 단지 그를 처음 본 사람들이 어색해했을 뿐이지요. 아버지는 이렇게 말씀합니다.

"어차피 내 아들이지만, 사회 속에서 사람들과 더불어 살아가야 합니다. 그러니 저분들의 아들이기도 하고 친구이기도 한 것이죠."

여기에 비결이 있었습니다.

'우리'의 자녀로 키우기

미국의 부시 대통령 시절에 딕 썬버그Dick Thornburgh:1988~1991년 법무장관 재임라는 법무부 장관이 계셨습니다. 그분의 두 번째 부인은 지니 썬버그Gini Thornburgh 박사입니다. 딕 썬버그 장관은 전처로부터 지적 장애 아들 피터를 두고 있었습니다. 어느 날 부인 지니 썬버그 박사가 물었습니다.

"왜 사람들은 피터에 관해서 묻지 않지요?"

어디를 가나 지적 장애인 피터는 집에 있었고, 사람들은 피터에 대해서 아무런 질문도 하지 않았습니다. 지니 썬버그 박사는 이를 이상하게 여기고 궁금해했습니다.

"피터도 우리 아들이고, 우리 가족인데, 사람들이 이상합니다."

그리고는 그다음부터 피터를 데리고 다니기 시작했습니다. 그리고 제일 먼저 사람들에게 소개했습니다.

"우리 아들 피터입니다. 미남이지요?"

또한, 지니 썬버그 박사는 "다 함께 예배드리기 운동That All May Worship"을 전개했습니다. 장애인도 예배에 함께해야 한다는 운동입니다. 이 운동을 전개한 후 지니 썬버그 박사는 오랫동안 장애인의 후견인으로 일했고, 미국장애인종교인협회 책임자로 수고했을 뿐 아니라 2005년 시민권 리더십 세미나에서 험프리 시민권상Humphrey Civil Rights Award을 수여 받기도 했습니다.

이런 상담을 받은 적이 많습니다. 집안에 결혼식이나 장례식 등 큰

일이 있을 때, 장애 자녀를 어디에 맡겨야 하지요? 장애 자녀를 데리고 다니다 잃어버리면 어떻게 하지요? 이런 이야기를 들을 때마다 저의 어린 시절이 기억납니다. 저는 어렸을 때, 형제들 결혼식에 함께한 적이 없었습니다. 구정 때 세배하러 집안 어른들을 찾아다닌 적이 없었습니다. 이때마다 '나는 가족 중의 한 사람인가?' 라고 반문했습니다.

장애 자녀 부모님이 이와 같은 질문을 할 때마다, 저의 부모님이 생각납니다. 장애를 겪는 친구들이 일반 사람들과 함께 잘 지내기를 바라는 것이 부모의 마음입니다. 그런데 결정적일 때마다 부모님은 장애 자녀를 '가족의 범주' 에서 제외하려고 합니다. 이렇게 묻고 싶습니다.

"왜 결혼식이나 장례식 같은 가족의 대소사에 장애 자녀를 데리고 가지 않습니까?"

부모님이 그렇게 하려는 이유는 충분히 이해가 됩니다만, 근본적으로 다시 생각해야 합니다. 장애 자녀와 가장 가까운 사람들, 즉 사촌이나 친척이 장애 자녀를 자주 보고 이해할 수 있어야 합니다. 이를 넘어서 이웃이나 지역사회에 장애 자녀를 데리고 다녀야 합니다. 그리고 먼저 소개해야 합니다. 장애 자녀를 사람들에게 자꾸 소개해야만, 그가 내 자녀이고, 내 가족이고, 부끄럽거나 드러내기 어려운 사람이 아니라 자랑스러운 자녀가 됩니다. 더욱 중요한 것은 이웃과 사람들이 우리 아이를 많이 알아야 함께 지켜주고, 함께 돌보는 우리 자녀가 된다는 사실입니다.

가족 대소사에 장애 자녀와 함께하기

내 자녀에서 벗어나 우리 자녀가 될 때, 부담이 사라지고 함께 할 사람이 많아집니다. 이를 위해서는 먼저 장애 자녀가 우리 가족 중 일원이라는 생각이 확고해야 합니다. 장애 자녀를 가족에서 소외시키고 작은 일에서부터 제외하고 나면, 심각한 일이 생길 수 있습니다. 어느 장애인 친구에게서 연락을 받았는데, 그는 20여 년간 바깥 구경을 하지 못했다고 합니다. 이럴 수 있습니다.

가족은 장애 자녀로 인해 가장 힘들어하고 가장 많이 수고하고, 또 그를 가장 많이 사랑하면서도, 결정적일 때 가족으로부터 소외시키기 쉽습니다. 그럴수록 가족들이 장애 자녀에게 가지는 정서적이고 심리적인 부담에서 자유롭기 어렵습니다. 장애 자녀를 누군가에게 혹은 복지시설에 맡기고 나머지 가족들만 대소사를 치르는 부모님의 마음이 편할 리 없다는 뜻입니다. 몸은 가족의 대소사를 치르고 있지만, 마음은 여전히 장애 자녀에게서 벗어나지 못하기 때문입니다.

차라리 그럴 바에는 가족의 한 사람으로 인정하고 대소사에 참여시키는 것이 낫습니다. 적극적으로 친척들에게 장애 자녀를 알리고, 장애 자녀의 행동 특징을 소개하십시오. 그리고 잠시라도 함께해 달라고 부탁하십시오. 허리를 굽혀 부탁하는 것이 아니라 당당하게 부탁하십시오.

이 아이는 나만의 아이가 아니라 '우리 가족의 일원'이기 때문입니다. 처음에는 당황하겠지만, 그래도 혈연관계가 아닌 이웃보다는 친척들이 쉽게 이해할 것입니다. 특히 장애 자녀가 어릴 때부터 데리고 다니면서 함께 하십시오. 그러면 굳이 설명도 필요 없을 것입니다. 급기야는 사촌들이 앞장서서 돌보고, 함께 하게 될 것입니다. 장애 자녀와 함께 한 사촌 형제들이나 친척들은 오히려 다른 곳에서 장애인 친구를 돕고 봉사할 때 유경험자로서 다른 사람들을 이끄는 사람이 될 것입니다.

장애 자녀를 양육하는 가정들이 사회를 변화시키는 방법 중에 이것도 매우 중요한 방법입니다. 그러면 부담은 줄고 행복은 조금씩 커질 것입니다.

이웃과 지역사회에 적극적으로 다가가기

저는 장애 아동 보육 시설을 운영하면서 장애 아동들을 지역사회에 수시로 데리고 다녔습니다. 떡집 아저씨, 우체국 아가씨, 대형마트 아주머니, 순댓집 아저씨를 만났습니다. 확실히 세상은 전과 달라졌습니다. 선생님들이 장애 아동들을 소개해주고, 일상생활 훈련이라는 이름 아래 인사시키고 친해지도록 하였습니다. 처음에는 그저 그런 반응이었습니다. 그런데 점점 달라졌습니다. 그분들이 먼저 아는 척을 해주시고, 옷가게 주인은 일부러 준비해 둔 옷을 주기도 하시고, 떡집 아저씨는 생일 때마다 시루떡으로 만든 케이크를 보내주시기도 하였습니다. 우리 장애 아동들은 시장에서 상점을 운영하는 분들의 아이들이 되었습니다.

이러한 모습이 중요합니다. 지금 사회는 많이 변했습니다. 그러나 더 변해야 합니다. 그러기 위해서는 장애 아동 부모님들이 먼저 적극적이어야 합니다. 장애는 결코 단점이나 결함이 아닙니다. 장애 자녀에게 잘못이 있는 것도 아니고 부모님이 전적으로 책임지고 가야 할 부담도 아닙니다. 자꾸 사회에 드러내시고, 지역사회 사람들과 함께 지낼 수 있도록 하여야 합니다. 이젠 우리 장애인 가족들이 선택하고 실천에 옮길 차례입니다.

그러면 '장애'는 사라지고 '우리 아이'만 남게 될 것입니다. 행복이 도망갈까요? 아니면 행복이 찾아올까요?

모두가 자연스럽게 어우러지는 그날을 향해

장애 자녀를 잘 키운다는 것은 무엇일까요? 우리는 사회 통합을 말합니다. 사회 통합이란 더불어 살아가는 지극히 자연스러운 상태를 말합니다. 이를 위해서는 장애 자녀가 어렸을 때부터 이웃과 함께 살아가는 삶을 누리는 것이 필요합니다.

이는 장애 자녀에게도 필요하고, 장애 자녀와 함께 살아가야 할 이웃에게는 더더욱 절실하게 요구됩니다. 통합된 사회는 하루아침에 이루어지지 않습니다. 이를 위해서는 가정에서 먼저 장애 자녀를 '우리 자녀'로 인정하고, 사회에 빈번하게 함께해야 합니다. 장애가 치료되거나 완화되기를 바라는 것이 아니라, 이 사회가 장애 자녀를 더 친근하게 이해하고 받아들일 수 있도록 노력하는 것입니다. 물론 쉬운 일은 아닙니다. 그러나 장애인 가족이 지금부터 실천에 옮겨야 할 일입니다. 다른 사람이 해야 할 일이 아니라 직접 해야 할 일입니다.

그러면 어느 순간 장애인과 비장애인이 자연스럽게 어우러지는 우리 사회가 될 것입니다. 그날이 속히 왔으면 좋겠습니다. 그래서 오늘도 저는 전동 휠체어를 타고 지하철을 이용하고 길거리로 나갑니다. "안녕하세요!" 반갑게 인사하면서. 행복한 오늘이 되기를 바랍니다.

체크아웃

*마을에 우리 아이 이름을 아는 사람이 누구누구인가요?

*아이와 함께 자주 다니는 장소를 스탬프 투어처럼 다니면서
 만나는 분들과 인사를 나눠보세요.

# #

잘 쉬는 지혜

많은 사람이 열심히 일하고, 여름에 휴가를 갑니다. 하지만 이때 장애인 가족들은 고민합니다. 휴가를 가야 하나 말아야 하나? 휴가를 가게 되면 장애 자녀는 데리고 가야 하나? 어디에 맡기고 가야 하나? 휴가 계획을 세울 때부터 이러저러한 고민이 시작됩니다. 그렇지만 장애인 가족에게도 휴가가 있어야 하고, 창조적인 휴식을 누릴 수 있어야 합니다.

열심히 일한 사람은 휴식을 취할 권리가 있습니다. 그런 의미에서 장애 자녀를 양육하는 가정이야말로 그 권리를 충분히 누려야 한다고 생각합니다. 휴식이 없으면 자녀를 잘 양육하기 힘들고, 스트레스로 가족 사이에 불평과 다툼이 많아지거나 서로 무관심하게 됩니다. 그래서 장애 자녀를 양육하는 가정은 더욱 행복해야 합니다. 휴식을 잘 누리는 가족 이야기를 하면서 오늘의 행복을 나누어 보려고 합니다.

'잘' 쉰다는 것은 무엇일까?

민혁이는 주의력 결핍과 과다행동이라고 하는 ADHD 특성이 있습니다. 민혁이 어머니는 늘 피곤했습니다. 밤에도 편안한 잠을 잘 수 없었기 때문입니다. 아이가 어렸을 때부터 열 살이 된 지금까지도 돌보는 일은 항상 어머니 책임이었습니다. 민혁이에게는 늘 어머니가 그림자처럼 함께 했습니다. 문제는 민혁이 아버지가 퇴근하는 저녁 시간입니다. 아버지가 퇴근해서도 민혁이와 함께하는 시간은 찾아볼 수 없습니다. 아내의 투철한 가치관 때문입니다.

"민혁이 아빠가 가장이잖아요. 내일 일찍 출근하려면 집에서 편히 쉬어야죠. 민혁이 아빠가 집에서 힘들면 직장에서 피곤해서 어떻게 일하겠어요?"

늘 이런 식입니다. 벌써 7개월째 잠자리도 분리합니다. 왜냐구요? 민혁이 때문에 아버지가 잠을 깰까 봐 그렇습니다. 그래서 어머니는 거실에서 아이를 데리고 잡니다.

"여보! 그러지 말고…"

"아니에요. 당신이 편해야 우리 가정이 편해요."

과연 민혁이 아버지가 편할까요? 낮에도, 밤에도 쉴 틈이 없는 어머니는 휴가는 물론 평일에도 쉬지 못합니다. 아마 민혁이 어머니 같은 생활방식을 가진 분이 적지 않을 것입니다. 아마 이렇게 말씀하시겠지요.

"나만 그런가요? 장애 자녀를 양육하면 다 그렇지요."

정말 그럴까요?

자유 시간에도 관리가 필요해!

영선이가 어린이집을 다니는 순간부터 자유가 찾아왔습니다. 늘 자폐를 치료하러 다니느라 짬을 내지 못했던 어머니는 갑자기 주어진 시간에 어떻게 휴식해야 할지 몰랐습니다.

"영선이가 차를 타고 어린이집으로 간 순간부터 저는 멍하니 하늘을 쳐다보곤 했습니다. 무엇인가 해야 하는데 어떻게 해야 하는지 몰라서요."

그래도 자유가 있는 낮은 매우 행복한 시간이었습니다. 어머니는 어느새 주말이 두려워지기 시작했습니다. 영선이와 종일 지내야 하기 때문입니다. 영선이네뿐일까요? 대부분의 장애 자녀 가정들이 이렇습니다. 주어진 시간을 어떻게 관리해야 하는지 그 방법도 모르고, 화살이 날아가듯 쏜살같이 흘러가는 시간의 흐름 속에서 또 다가오는 길고 긴 여름방학이 그다지 즐겁지도 않습니다.

봉사를 통한 휴식

"아무리 해도 일이 줄어들지 않아요. 도대체 쉴 시간이 없어요. 피곤해요, 피곤해!"

창석이 아버지는 아내에게 늘 이런 이야기를 들었습니다.

"여보, 우리 어떻게 해야 피곤하지 않고 잘 살 수 있을까?"

남편의 질문에 창석이 어머니는 깜짝 놀랐습니다. 아이의 물리치료, 창석이의 끊임없는 요구와 가사로 반복되는 일상생활 속에서 "잘 살 수 있을까?"라는 남편의 질문이 계속 마음에 남았습니다.

그러던 중 캐나다 캘거리대의 로버트 스테빈스Robert A. Stebbins 교수가 쓴 『진지한 여가』란 책을 통해 많은 생각을 했습니다. 저자는 여가를 '일상적 여가', '프로젝트형 여가', '진지한 여가'로 구분했습니다. 그는 여가를 잘 사용하려면 '봉사를 위하여 시간을 사용하라!'라고 이야기했습니다.

그래서 창석이 부모님은 어떻게 하면 의미 있는 봉사를 통해 휴식할 것인가를 고민하고 아이디어를 찾았습니다. 아이가 뇌병변 장애아라는 사실을 알게 된 이후부터 겪게 된 어려움을 정리해가면서 경험을 나눌 기회를 찾았습니다. 최근에는 동료상담사Peer Counselling 양성과정에 참여하면서 뇌병변 장애인 시설에 찾아가서 봉사하고 종종 여유로운 시간을 보내고 있습니다.

휴가 즐기기 작전

민규는 모야모야 병Moyamoya disease을 앓고 있습니다. 모야모야モヤモヤ는 일본어입니다. 안개꽃처럼 혈관이 터져서 신체상의 불편을 겪는 것을 말합니다. 보조기를 하고 뒤뚱뒤뚱 걷는 민규를 누구에게 맡긴다는 것은 상상할 수 없었습니다.

"이젠 우리에게 휴가는 사치야!"

친정에도, 시댁에도 발걸음이 뜸해졌습니다. 그저 가까운 시장이나 치료실 정도에만 민규를 데리고 다녔습니다. 그런데 민규가 여섯 살이 되었을 때, 하루는 갑자기 민규 아버지가 전화했습니다.

"민규 엄마! 지금 빨리 내려와."

남편의 전화를 받고 아무 준비도 없이 민규를 데리고 나갔습니다.

"빨리 차에 타요!"

"지금 어디를 가는데요?"

화들짝 놀라서 물었습니다. 민규 아버지는 대답 없이 두 사람이 차에 탄 것을 확인하고 그냥 달렸습니다. 민규 어머니는 황당하고, 머리가 복잡했습니다.

"어디로 가는 거야? 집안 정리도 안 했는데…"

"자, 우리 이제 휴가 갑시다."

돌발적인 한마디에 민규 어머니가 반사적으로 대답했습니다.

"무슨 휴가? 우리에게 무슨 휴가예요. 어디로 가요? 집안이 제
일 편하지."

3시간을 운전해서 도착한 곳은 서산에 있는 시댁이었습니다. 민규 어머니에게 스트레스가 올라오기 시작했습니다. 시댁에 도착하자마자 민규 아버지는 할아버지 할머니를 보고 말했습니다.

"어머니, 아버지. 3일간 민규 좀 부탁합니다. 저희 어디 좀 갔다
오려고 합니다. 필요한 것을 살 수 있도록 봉투에 얼마 넣었습니
다. 민규 부탁합니다!"

"알았다. 애미야! 잘 지내고 와라. 민규 걱정은 하지 마라!"

민규를 할아버지, 할머니에게 부탁하고 쏜살같이 차에 올라탄 민

규 아버지는 또 운전하기 시작했습니다. 민규 아버지가 시작한 '휴가 즐기기 작전'이었습니다. 그렇게 도착한 곳은 땅끝마을 해남에 있는 펜션이었습니다. 펜션에 도착해서야 민규 아버지는 아내에게 차근차근 설명했습니다.

> "이렇게 하지 않으면 우리가 언제 쉴 수 있을까? 부모님이 민규 잘 돌보실 거야. 손주를 돌보는 기쁨도 드려야지. 마음 놓고 즐기자."

아버지의 지혜 덕분에 결혼한 지 7년 만에 처음으로 꿀맛 같은 휴가를 즐겼습니다. 지금 민규는 열네 살입니다. 여름마다 민규 아버지는 같은 방식으로 여행을 갑니다. 이제는 민규를 작은아버지가, 고모가, 그리고 민규 이모가 돌아가면서 돌봅니다. 민규는 일 년에 한 번씩 친척 집에서 지내면서 사랑받는 아이가 되어가고 있습니다. 아버지의 지혜가 없었다면, 민규 어머니에게 휴식은 영원히 없었을지도 모릅니다.

마음을 터놓고 이야기할 수 있다는 것

현정이는 뇌 손상으로 지적 장애가 있습니다. 현정이 아버지는 일찌감치 아내를 돕기 위해서 지입차 운전기사로 직업을 바꾸었습니다. 물론 지입차 운전만 해서는 생활비를 충당하기 어려웠습니다. 그래서 현정이가 이용하는 어린이집 통원차량 기사도 자처했습니다. 현정이를 차에 태우고 어린이집까지 데리고 갑니다. 어린이집 차를 운전하면서 자연스럽게 장애아이 부모님, 특히 아버지들과 친해졌습니다.

그렇게 자연스럽게 알게 된 아버지들과 틈틈이 시간을 가졌습니다. 저녁 식사도 하고, 쉬는 날 몇몇 아버지와 등산도 가게 되었습니다. 그러면서 교제도 하고, 장애 자녀 이야기도 하게 되었습니다. 어린이집에서 실시하는 부부 모임에도 참석했습니다.

그러다 어린이집을 졸업하고 학교에 가게 되면서 아버지들의 모임이 소원해지는 것을 느꼈습니다. 그래서 현정이 부모님은 일 년에 한 번씩은 부부 야유회를 하기로 했습니다. 물론 시간을 내는 것은 어려웠습니다. 어떤 아버지는 퇴근 후에 오기도 하고, 어떤 아버지는 왔다가 가기도 했습니다.

"우리 모임에는 강요하는 것이 없습니다. 이래야 한다는 규칙도 없습니다. 있다면 얼굴은 비추자. 이뿐입니다."

종종 장애아이들을 데리고 와서 함께 놀기도 하고, 때로는 단기 보호 센터를 이용하여 다니기도 합니다. 여기에도 규칙이 없습니다. 마음이 편안한 대로 합니다. 그래도 이 모임을 하기 위해서 서너 달부터 계획을 세웁니다. 최선을 다해서 시간을 맞추려고 합니다. 자발성을 가지고 움직입니다.

현정이 아버지는 말씀합니다.

"모여서 사업 이야기, 부부 싸움 한 이야기, 때로는 현숙이 진로에 관한 이야기도 합니다. 해결책은 없지만, 이야기할 수 있다는 것만으로도 서로 좋아하는 것 같아요."

*〔부부 또는 가족이 함께〕종이에 '휴식', '즐거움', '쉼' 이라 고 적어보세요.

*언제 내가 휴식, 즐거움, 쉼을 느끼는지 구체적인 내용을 글 로 쓰거나 그림으로 그려보세요.

*나온 아이디어들을 함께 이야기해보세요.

# #

모두가 즐거운 명절을 위해

명절이 되면 모든 가족이 한곳에 모여서 즐거움을 나누는 축제가 열립니다. 그렇지만 심각한 어려움을 겪기도 합니다. 이것을 명절 후유증이라고 합니다. 특히 장애 아동 어머니에게는 명절이 더 어렵습니다. 장애인 가족이 명절 후유증을 어떻게 극복하고, 모두가 행복하게 즐거움을 나눌 수 있을지 생각해 보면 좋겠습니다.

명절이 가장 힘든 이유

열 살 성철이는 주의력결핍 과다행동장애ADHD가 있습니다. 평소에 주의력이 산만하고, 과잉행동이 있어서 어머니는 성철이 돌보는 일을 힘들어했습니다. 명절이 가까이 오면 더더욱 힘이 듭니다. 인천에 사는 성철이네는 부천 큰집과 강화도 작은집이 함께 모여서 12인승 승합차로 순천에 있는 시댁에 갑니다. 그런데 명절에는 차가 많이 밀려서 시댁까지 적어도 12시간이 걸립니다.

그래서 명절만 다가오면 어머니는 지나가는 말로 한마디 합니다.

"여보, 이번에는 나랑 성철이는 안 가면 안 될까? 당신이 대표로 갔다 오면 좋을 텐데."

"일 년에 두 번 가는 것인데 어떻게 그래. 당신이 가지 않으면 나는 뭐 홀아비야? 당신이 같이 가야지."

사실 성철이 아버지는 아내가 왜 그런 말을 하는지 잘 알고 있습니다.

"12시간 좁은 승합차를 타고 가려면 우리 모두 힘들어요. 그런데 성철이는 ADHD잖아요. 차 안에서 가만히 있다는 것이 매우 힘든 일이에요. 그러다 보니 저와 성철이 어머니가 아이를 돌보면서 순천까지 가는 일이 쉬운 일이 아니에요. 그렇다고 어떻게 명절에 집에 안 가요. 힘든 걸 알지만 가긴 가야죠."

어머니는 방에 들어가서 진통제 한 알을 입에 넣고는 침대에 누워 있고, 아버지도 명절만 다가오면 반복되는 어려움에 한숨을 깊이 쉬고 있습니다. 명절이 되려면 아직 보름이나 남았지만 12시간의 고통스러운 시간을 상상만 해도 힘듭니다. 게다가 시댁에 가면 반복되는 일이 머릿속에서 맴돕니다.

"여보, 성철이를 돌봐주세요. 제가 부엌에 가서 어머니를 도울게요."

그렇지만 어머니가 부엌에 들어간 지 얼마 되지 않아서 마당에서 큰 소리가 들립니다.

"성철아! 가만히 있어. 왜 장독 뚜껑을 깨뜨리고 있어?"

아버지가 형제들과 대화를 나누는 순간, 성철이는 그만 사고를 저지르고 말았습니다.

"애미야, 그냥 나가서 성철이 돌봐라. 일은 무슨 일이냐?"

시어머니 한 마디 말에 성철이 어머니는 마음이 무거워지는 것을 느낍니다.

"아니, 부엌에 가 있을 때 성철이 안보고 뭐 하세요?"

머쓱해진 성철이 아버지는 그저 하늘만 쳐다볼 뿐입니다. 명절이 끝나고 집으로 돌아오는 차 안, 부부 사이에 침묵이 흐릅니다. 서로 불편하고, 미안한 마음에 말을 못 하고 있습니다. 며칠이 지나도록 부부는 아직도 명절 후유증에서 벗어나지 못하고 있습니다.

고통을 함께 품어주는 가족

치우는 열두 살 자폐아입니다. 치우 부모님도 명절만 되면 다투기가 일쑤였습니다. 치우네는 춘천에 살고 있는데, 영광에 계신 친할아버지를 뵈러 가는 길이 쉽지 않았습니다. 오는 길에는 처가인 충주까지 들러야 했습니다. 춘천에서 영광까지 보통 4시간 거리인데, 명절이 되면 7시간이나 걸립니다. 아버지는 늘 운전을 해야 하고, 어머니는 차 안에서 치우와 여동생 아홉 살 혜미를 돌보아야 합니다. 운전하는 일도 만만치 않은 일이지만, 치우와 혜미를 데리고 가는 일도 쉽지 않은 일입니다. 그래서 가기 전부터 실랑이를 벌이고, 갔다 와서도 다툼은 계속되었습니다. 명절만 되면 얼굴을 붉히는 것은 불행한 일이었습니다.

그런데 3년 전 명절, 치우 아버지는 중대한 결단을 내렸습니다. 본

가에 도착하니 이미 치우네 큰집과 사촌, 치우 고모네도 와 있었습니다. 반갑게 인사를 나누는데 인사를 채 마치기도 전에 치우 아버지는 할아버지 방에 들어갔습니다.

"아버지, 부탁이 있습니다."

"아범아, 무슨 일 있냐?"

갑작스러운 말에 할아버지의 얼굴이 어두워졌습니다. 치우 아버지는 형님들이 있는 자리에서 말했습니다.

"사실 오늘 내려오지 않으려고 했습니다. 오는 데만 7시간이 걸렸고, 치우 엄마는 소진상태입니다. 평소에 치우 돌보는 일도 힘들지만, 차 안에서 치우와 혜미를 다독거리고 오느라고 제정신이 아닙니다."

그러자 명철이 할아버지는 대수롭지 않게 대답하셨습니다.

"그게 뭐 하루 이틀 일이냐. 명절 때 그런 것은 우리가 다 안다."

"사실 저는 집에 와서 형제들과 즐겁게 노는 시간이 너무 좋습니다. 그러나 치우 엄마는 쉬지도 못하고 또 부엌일을 해야 합니다. 죄송하지만, 치우와 혜미를 맡아주십시오. 제가 치우 엄마를 데리고 휴가를 갔다 오려고 합니다. 그래야 살 것 같아요."

그러자 치우 작은아버지가 발끈했습니다.

"형님, 치우를 우리가 어떻게 데리고 지내요. 우리도 여기 오느라고 힘들었어요."

분위기가 심각해질 찰나에 치우 큰아버지가 나섰습니다.

"제수씨가 치우를 매일 돌보는데, 우리가 며칠 치우를 돌보지 못하겠냐. 나야 딱히 할 일이 없으니까 내가 치우 돌볼게. 그 대신 명숙아, 네가 혜미를 데리고 놀아라. 다른 사람은 봉사도 하는데, 우리가 봉사하는 셈 치자. 그 대신 치우 아빠. 올 때 맛있는 것 사 와라!"

갑자기 분위기가 바뀌었습니다. 그러자 치우 할머니도 나섰습니다.

"치우 애미는 종종 내려오니까 명절 되면 치우 애비가 애미 데리고 가서 좀 쉬게 해라. 오늘만 아니고 명절 때가 되면 내려와서 애들 맡기고 쉬어라."

치우 아버지는 깜짝 놀랐습니다. 형제들과 부모님의 반응이 너무 의외였습니다.

"고맙습니다. 고맙습니다!"

치우 아버지는 부모님과 형제들에게 고맙다고 연실 내뱉으며 아내를 데리고 길을 나섰습니다. 그때부터 치우 어머니는 명절 후유증과 무관한 사람이 되었습니다.

"여보, 고마워. 이렇게까지 용기 낼 줄 몰랐는데, 당신 멋진 남자네."

사실 그 이후로 치우네는 명절만 되면 놀러 갑니다. 이뿐이 아닙니다. 가족들의 호의가 고마워서 치우 부모님은 명절만이 아니라 자주 내려가서 부모님과 형제들을 찾아뵙겠노라고 약속했습니다. 치우네는 이번 명절도 기다립니다. 치우 아버지의 용기 있는 결단과 가족의 호응으로 명절이 기다려지는 날이 되었습니다.

게다가 이 일은 다른 변화로 이어졌습니다. 치우 작은아버지의 큰아들, 그러니까 치우의 사촌 형 이야기입니다.

"아버지, 저도 특수교육해야겠어요. 치우를 돌보다 보니까 장애인 친구를 돌보는 재주가 나에게도 있는 것 같아요."

팔불출 남편, 팔불출 아빠

송조네는 명절 후유증을 찾아보기 힘듭니다. 이렇게 되기까지 아버지의 역할이 컸습니다. 송조는 뇌성마비 2급이 있는 열두 살 소년입니다. 신체 움직임은 부자연스럽지만, 항상 맑은 눈동자로 말하려고 노력했습니다. 부모님은 아이가 이렇게 말하려고 애쓰는 모습이 싫지 않았습니다. 아니 그 누구보다 이뻤습니다. 송조를 데리고 물리치료, 감각 운동 치료를 받으러 가는 시간도 힘들지 않았습니다. 스스로 너무 열심히 했기 때문입니다.

명절이 다가오면 송조 할아버지를 비롯하여 삼촌, 고모, 그리고 외할아버지, 이모, 외삼촌들까지 언제 내려올 거냐는 전화가 옵니다. 하지만 송조 아버지는 명절이 되면 특별한 방식으로 이동합니다. 먼저 장인 장모님이 계신 대구에 들르고, 그다음에 평택 친가를 방문합니다. 아내의 마음을 편안하게 해주기 위해서입니다. 그러면 명절도 한결 가벼워진다는 비결을 알고 있습니다. 명절 선물도 항상 아내와 함께 처가 선물을 먼저 사러 갑니다. 송조 어머니는 처가를 먼저 챙기는 남편이 항상 고맙습니다.

중요한 것은 여기서 끝나지 않습니다. 아버지는 처가나 친가에 가면 제일 먼저 송조에 대한 보고를 합니다. 아이가 무엇을 했는지, 어떻게 변했는지 즐거운 기분으로 자랑합니다.

"송조가 지난번 학교에 가서 그림을 잘 그렸다고 칭찬받았습니다. 노트북을 사주었더니 이젠 저에게 컴퓨터 게임을 가르쳐주려고 해요."

"자식 자랑은 팔불출이라고 하는데, 송조 아버지는 딱이야!"

모두 한마디씩 합니다. 송조네 친가나 외가는 웃음소리가 가득합니다. 송조 어머니도 동서, 시누이들과 함께 음식을 만들면서 지나온 이야기를 합니다.

"우리 송조를 뇌성마비아로 보는 사람이 없어요. 그저 손주고, 조카지요. 송조는 명절 때만 되면 화제의 주인공이 됩니다."

지난 명절에 송조는 아버지가 사준 컴퓨터를 가지고 갔습니다. 컴퓨터로 쓴 짧은 수필을 읽기 위해서입니다. 송조의 건재함을 증명하겠다는 아버지의 강력한 주장 때문에 인쇄물이 아니라 컴퓨터를 직접 가지고 갔습니다. 송조는 아버지에 대한 수필을 썼습니다.

"우리 아빠는 이상하다. 이상해도 너무 이상하다. 다른 아버지들과 다르다. 우리 아빠는 나와 많은 대화를 나눈다. 어제도 나에게 물으셨다. 나는 송조를 사랑하는데, 송조는 나를 사랑하니? 우리 아빠는 이상하다. 아들에게 이렇게 묻는 아빠가 어디 있을까? 나는 할아버지에게 우리 아빠가 왜 이상한지 물어봐야겠다."

가장 가까운 사람의 행복을 위해

명절 후유증을 견뎌내는 일은 어렵지만, 조금만 노력하면 행복한 명절을 만들 수 있습니다. 전통적인 방식으로만 명절을 지켜야 한다면, 장애인 가족은 그 시간을 너무 힘들게 지낼 수밖에 없습니다. 그러나 사실 가족들이 모이는 날이 명절이지요. 장애 자녀도, 장애 자녀를 양육하는 부모도 모두 가족의 일원입니다. 명절에 누군가가 힘들고, 그 힘든 것을 말하지 못한 채 괴롭게 보내고 있다면, 명절 때 모인 모든 가족은 행복하지 않은 것입니다. 매우 힘들어하는 장애 자녀와 그 부모가 힘든 것을 외면한 채 나머지 가족이 즐겁다면 이는 이상한 가족입니다. 가장 힘들 것 같은 사람, 그 사람의 어려움을 헤아리고 함께 즐거울 수 있도록 배려한다면, 이 명절에도 장애인 가족은 더욱 행복할 수 있습니다. 특히 가장 가까이에 있는 사람이 행복할 수 있도록 도와주세요.

*명절에 모이는 친척들과 명절 준비를 위해 준비팀을 꾸려보

는 건 어떨까요?

*서로의 도움이 필요한 부분을 내어놓고 함께 마음을 모아 역

할을 나눠보세요.

# #
규칙과 융통성의 밸런스 게임

행복한 가정이라는 것은 나름대로 질서가 있는 상태를 말합니다. 70년대 이전에는 가부장적 분위기에서 엄격하고, 지시와 명령 그리고 순종을 강요하는 것이 질서 있는 가정이라고 생각했습니다. 하지만 엄격한 질서는 있어도 자유로운 분위기를 찾아볼 수는 없었습니다. 이제 시대가 바뀌었지요. 자녀 수도 적고, 맞벌이 부부가 많은 가정이 대세입니다. 그러다 보니 '간섭'이라는 것을 찾아보기 힘들 정도로 가족 구성원 각자가 자신만의 삶을 살아갑니다. 모두가 한자리에 모여있는 시간도 갖기 힘들지요. 그리고 대화도 잘되지 않습니다. 가정이 이런 상태라면 이것 또한 행복하다고 하지는 않습니다. 그래서 행복한 가정에는 규칙도 필요하고, 융통성 있는 경계도 필요하다는 관점에서 오늘의 이야기를 나누려고 합니다.

규칙과 경계가 없을 때

지용이네 집은 언제부터인가 자유분방한 분위기가 되었습니다. 지용이가 뛰어다녀도, 아버지가 식사할 때 소리를 지르며 다녀도 아무도 제재하지 않았습니다. 아니, 제재할 수 없었습니다. 지용이가 누구의 이야기도 듣지 않는다고 생각했기 때문입니다. 지용이네 집은 점점 물건들이 여기저기 흩어져있고 정돈된 모습을 찾아보기 힘들었습니다. 이제 지용이는 다른 곳에서도 왕처럼 행동하려고 합니다. 그래서 어머니는 고민이 많습니다.

형 지석이의 이야기를 들어볼까요?

"지용이는 우리 집에서 무소불위의 권력을 가지고 있어요. 아무도 무서워하지 않아요. 그래서 그런지 부모님은 저에게도 아무런 말씀을 하지 않으세요. 그저 네 일을 네가 알아서 하라고만 하세요."

지석이는 이제 열다섯 살입니다. 열 살이 된 동생을 어떻게 해야 잘 돌볼 수 있을까 고민합니다. 부모님에게도 불만이 있다고 합니다.

"본래 지용이는 혼자 조용히 노는 아이였어요. 그런데 지용이가 하는 행동들을 허용하기 시작하니까 이렇게 되었어요. 사실 지용이 탓이 아니에요."

지용이네 집은 어떻게 해야 할까요?

규칙이 너무 엄격할 때

뇌성마비 3급인 진환이는 가능하면 자기 일은 스스로 하려고 합니다. 아버지가 세운 규칙 때문입니다. 아버지는 진환이가 어렸을 때부터 엄격했습니다.

"진환아! 네가 할 수 있는 일은 네가 해야 해!"

물론 진환이에게만 이러한 규칙이 있는 것은 아닙니다. 진환이네 집은 가훈이 있습니다. 그것은 바로 "수신제가치국평천하"입니다. 이 중에서 가장 중요한 것은 바로 수신, 즉 자신의 몸을 잘 관리하는 것입니다. 각자가 지켜야 할 규칙이 정해져 있습니다.

예를 들어 누나인 선주는 저녁 10시 이전에 들어올 것, 아침 식사 후 설거지를 할 것, 어머니는 저녁 식사 후 설거지할 것, 이런 식입니다. 진환이도 예외는 아니었습니다. 식탁에서 소리를 내서는 안 되고, 흘린 음식물은 반드시 집어 먹도록 했습니다. 그래서 진환이는 부자연스러운 손동작으로 자신의 옷을 입고, 자신의 신발도 스스로 신었습니다. 학교 들어가기 전부터 시작된 훈련은 진환이가 웬만한 것은 스스로 할 수 있는 능력을 높이는 계기가 되었습니다. 그러나 문제는 이 규칙이 너무 엄격하다는 것입니다.

진환이 어머니는 이렇게 말합니다.

"우리 집은 군대 같아요. 오직 아버지가 정한 규칙만 있죠. 요새 그렇게 살아가는 집안이 어디 있어요? 70대 어르신도 아닌데… 너무 그래서 아이들이 아버지와 대화를 하는 것도 피하고 그래요."

그래서 그런지 진환이에게 이상한 버릇이 생겼습니다. 친구들이 가방을 들어주거나 대신 도와주겠다고 하면 진환이는 단호하게 대답합니다.

"괜찮아. 내가 해도 돼. 너희가 도와주지 않아도 돼."

좋은 의도로 다가왔던 친구들도 진환이의 단호한 태도에 어색한 표정을 짓곤 했습니다. 그럴 때마다 진환이는 혼자 생각합니다.

'도와달라고 할걸. 그런데 왜 그랬지. 친구들 참 좋은 애들인데.'

진환이는 어떻게 하면 친구들에게 다정다감하게 대할 수 있을까 하는 문제로 고민합니다. 오늘도 냉랭한 분위기 때문에 학교 끝나고 집에 가는 발걸음이 차마 떨어지지 않습니다.

건강한 경계

민희는 표정과 팔다리에 강직 현상이 왔습니다. 사춘기 막바지에 들어서고 있는 민희를 위해 어머니는 따로 방을 만들어주었습니다. 모서리처럼 위험할 수 있는 것들을 가능하면 없애고, 쉽게 잡고 의자에 앉을 수 있도록 손잡이를 만들었습니다. 민희에게 자기 방이 생겼을 때, 얼굴에 웃음이 떠나지 않았습니다.

그런데 요즘 한가지 고민이 있습니다. 그것은 어머니가 민희 방에 불쑥불쑥 들어오시는 것입니다. 그럴 때마다 민희는 놀랍니다.

"엄마, 노크하면 안 돼요?"

"네가 불편할까 봐 그랬어! 노크하면 네가 또 일어나야 하니까. 엄마가 그냥 들어오면 안 되니? 같은 여자인데."

사실 어머니는 민희 일을 많이 도와줍니다. 옷을 고르고, 신발을 사고, 가끔 마사지도 해 주시곤 합니다. 치료사 수준이 된 어머니 마사지는 더할 나위 없는 최고의 선물입니다. 그래서 종종 어머니 없이 살수 있을까를 생각하곤 합니다. 적어도 어머니는 민희와 자신을 일심동체라고 생각하는 것 같습니다. 하지만 그래도 민희는 어머니와의 경계가 있었으면 합니다. 자신을 도와주는 것도 좋지만, 이제 성인기에 들어서는 열여섯 소녀로 인정해 주기를 바랍니다.

"엄마에게는 아직도 저는 어린아이겠죠? 제가 불편해서 혼자할 수 없는 것도 많으니까. 그렇지만 이젠 엄마도 제가 할 수 있는 일은 스스로 맡겨주면 좋겠어요. 무엇보다 내 방만큼은 온전히 내 공간으로 삼고 싶어요. 이렇게 말하면 엄마가 또 속상하겠죠?"

이런 이야기를 민희 어머니에게 전했습니다.

"우리 민희가 그렇게 성장한 줄 몰랐습니다. 그저 몸만 어른 비슷한 줄 알았는데… 저보다 속이 더 깊네요."

속상해할 줄 알았던 민희 어머니는 오히려 민희를 대견해 했습니다. 이제 집안에서 들리는 소리는 조금 달라졌습니다. 들리시나요?

"똑똑. 똑똑. 민희야 들어가도 되니?"

함께 만들어가는 건강한 가족 구조

경훈이는 지적 장애 3급입니다. 경훈이의 아버지는 유교적인 분위기에서 자란 분이었습니다. 사실 마음 한편으로는 더 자유롭고 편안한 가정을 꾸미고 싶었던 소망이 있었지만, 권위적인 것이 삶에 배어있었습니다. 아버지는 엄격하게 이러저러한 규칙을 정했습니다. 하지만 마음대로 되지 않았습니다. 경훈이가 그 규칙을 이해하지 못했기 때문입니다. 그래서 어렸을 때부터 경훈이는 예외가 되었습니다. 하지만 아이가 아홉 살이 되면서, 부모님은 함께 논의할 필요를 느꼈습니다.

어머니는 이렇게 말했습니다.

"경훈이가 학교에서나 집에서나 잘 지낼 수 있어요. 애가 할 수 있는데, 당신이 너무 허용하는 것 같아요. 이러다 바깥에서 어떻게 행동할지 걱정이 돼요."

그래서 아버지는 곰곰이 생각하다가 가족이 다 함께 규칙을 만들기로 했습니다.

"경훈아! 경재야! 희영아! 당신도 이리 와서 함께 회의합시다."

가족회의의 시작은 경훈이가 그린 가족 그림이었습니다. 그 그림에는 집 안 가운데 아버지가 크게 있었습니다. 문이 없었고, 경훈이도 그림에 없었습니다.

아버지가 물었습니다.

"경훈아? 너는 어디 있냐?"

"아빠, 내가 그렸잖아! 내가 그렸는데, 어떻게 거기 있어!"

"난 또 경훈이가 집을 나가서 안 들어온 줄 알았잖아!"

경훈이와 아버지 이야기에 온 식구가 함께 웃었습니다. 모두가 함께 이야기하면서 가족 그림을 그렸습니다. 웃음이 없던 아버지, 일만 하는 어머니, 뛰어다니는 경훈이, 자기 방에 들어가서 나오지 않는 경재와 희영이. 사실 이것이 경훈이네 가족 그림이었습니다. 한 가족이었지만, 가족이 아니었습니다.

이제 경훈이네 가족은 한 가지를 약속했습니다.

"일주일에 두 번 저녁 식사는 집에서 하기로 하자. TV는 일요일 저녁 같이 보고, 보고 나서 삼십 분 같이 이야기하기."

더 재미있는 규칙은 경훈이 아버지가 정했습니다.

"일요일 아침은 내가 한다. 음식 맛에 대해 불평하지 않기. 그리고 경훈이는 아빠 식사 준비하는 것 도와주기."

경훈이는 그렇게 아버지의 식당 보조역할을 맡았습니다. 아마 일요일 아침 가장 행복한 사람은 경훈이 어머니일 것입니다.

"당신이 만든 음식, 과연 먹을 수 있을까요? 기대됩니다!"

규칙과 배려

살바도르 미누친Salvador Minuchin, 1921~2017은 구조적 가족치료의 대표적인 학자입니다. 미누친은 가족이 불행하게 되는 중요한 이유 중의 하나는 가족 구성원 간의 경계가 너무 엄격하거나 경계가 너무 약하기 때문이라고 주장했습니다. 각자가 너무 자신의 공간, 자신의 권리만 주장해서 다른 가족 구성원과의 교류를 제한하면, 불행할 수밖에 없습니다. 반대로 내 것이 네 것이고, 네 것도 내 것이라는 식으로 가족 구성원 간 경계가 불확실하면 이것도 행복하지 않습니다.

가족 안에서는 부모, 부부, 형제, 자매, 부자, 모녀, 부녀, 모자 등

다양한 하위체계가 있습니다. 이러한 체계 간에는 적절한 경계가 있어야 합니다. 특히 그러한 경계를 일방적으로 만들기보다 가족 구성원들이 함께 머리를 맞대고 논의하여 만들고, 서로 배려해서 경계 사이에 융통성을 두면, 이러한 가족은 행복할 수 있다고 합니다. 장애 자녀라고 해서 너무 내버려 둔다거나 혹은 강하게 억압해서 꼼짝 못 하게 하는 것, 가족 구성원 중 아버지, 혹은 어머니가 너무 강해서 마음대로 한다든가 아니면 자식들이 하고 싶은 대로 허용하는 것도 미누친에 의하면 불행한 가족입니다. 어느 정도 규칙을 같이 만들고 서로 배려하면서 살아가보는 것이 어떨까요?

체크아웃

*〔부부 또는 가족이 함께〕우리 가족에게 가장 중요한 규칙 몇 가지를 제안해보세요.

*그 규칙에는 어떤 의미가 있어서 제안했나요?

*그 규칙에서 고려해야 할 점이나 염려되는 점은 어떤 것들이 있나요?

함께 이야기해보세요.

# #

함께 사는 선택

가족 안에서 나타나는 갈등 일부는 '내가 이겨야 한다', '전적으로 내가 옳고 너는 그르다'는 것을 확인하려고 해서 일어나곤 합니다. 가족 구성원 사이에 의견이 다를 수 있습니다. 때로는 자녀 양육 관점이 크게 다르기도 합니다. 그러나 여기에서 중요한 것은 서로 다르다는 것이지, 어느 한쪽이 절대적으로 옳다는 것은 아니라는 점입니다. 합리적 정서 행동 치료rational emotional behavior therapy를 주장한 알버트 엘리스Albert Ellis, 1913~2007 박사는 사람이 불행하게 되는 이유 중 하나는 '나는 이겨야 한다. 내가 절대적으로 옳다'는 비합리적 신념이라고 합니다. 가족 구성원이 헤어지지 않고, 행복하게 살기 위해서는 합리적인 신념이 있어야 합니다. 이를 위해서는 '우리 모두가 승자가 되는 길'을 찾아가야 합니다. 그것을 목표로 삼고 노력하는 가정이 행복합니다.

너와 내가 함께 승리하는 길

알버트 엘리스는 사람들이 가지고 있는 비합리적 신념 11가지를 제시하고 있습니다. 이러한 신념을 가지고 있는 한, 행복할 수 없다는 것이죠. 비합리적 신념이 무엇인지 알게 되면, 반대로 합리적 신념이 무엇인지 알 수 있을 것입니다.

그중에서 몇 가지를 소개합니다.

- 사람은 중요한 사람으로부터 사랑과 인정을 받는 것이 절대적으로 필요하다.
- 가치 있는 사람이 되려면 모든 면에서 완전한 능력이 있어야 하고, 성취를 할 수 있어야 한다.
- 어떤 사람은 완전히 악하고 나쁘며, 그 행위에 대하여 반드시 처벌 받아야 한다.
- 불행은 외부 원인에 의해서 찾아오며, 사람들은 자신의 슬픔과 근심을 조절할 능력이 없다.
- 어려움과 책임을 직면하는 것보다 회피하는 것이 더 쉽다.

알버트 엘리스는 비합리적 신념을 가진 사람들이 잘 사용하는 단어 중에 "절대로, 완전히, 반드시, 마땅히"가 있다고 주장합니다. 사실 누구나 다른 사람의 인정과 격려가 필요하지만, 그렇다고 다른 사람들이 내가 하는 모든 일을 인정해야만 하는 것은 아니지요. 가치 있는 사람이 되기 위해서 완전하면 좋겠지만, 인간은 완전을 지향하는 존재일 뿐입니다. 종종 실패하다가 가끔 성공하는 것이 인간이지요. 항상 성공만 해야 가치 있는 사람은 아닙니다. 사실 실패도 가치가 있습니다. 사람은 나쁜 사람도 있지만 좋은 사람도 있고, 각각 좋은 면과 나쁜 면이 있지요. 완전히 나쁜 사람, 완전히 착한 사람은 실제로 찾기가 더 힘듭니다. 어려운 일이 있을 때 그 어려움에 도전하는 일이 쉽지 않을 수 있지만, 회피한다고 그 어려움에서 벗어날 수는 없지요.

이처럼 사람들은 합리적이지 않은 신념을 갖고, 그것만이 옳다고 생각하기에 행복하기보다는 불행할 가능성이 더 크다는 것입니다. 비합리적 신념만 주장하면 '나는 항상 이겨야 하고, 너는 항상 패배해야 하는 사람'이 됩니다. 그러나 합리적 신념을 주장하면 '나도, 너도 같이 승리할 수 있는 사람'이 된다는 것이지요.

내 길이 항상 정답일까?

재우는 다운증후군 지적 장애가 있는 열두 살 아이입니다. 지금 이 가족은 심각한 어려움에 봉착해 있습니다. 재우가 특수학교에 가야 하는가, 아니면 일반 학교에 가야 하는가에 대해 부모님의 의견이 대립하고 있기 때문입니다. 사실 재우는 아버지의 주장으로 장애아전담 어린이집을 다녔습니다. 그리고 어머니의 강력한 주장으로 일반초등학교에 다녔습니다. 다름 아닌 통합교육을 받은 것입니다.

어린이집을 선택할 때도 초등학교 선택할 때도 부모님은 의견충돌이 심했습니다. 서로가 '내가 절대로 옳다'고 주장하면서 이혼 위기 상황까지 이르렀다가 간신히 장애아전담, 일반초등학교로 결정하게 된 것입니다. 문제는 중학교 입학을 앞에 두고 서로의 이견을 좁히지 않는 것이었습니다.

재우 아버지의 주장은 이렇습니다.

"일반 학생들 학업을 쫓아가지도 못하고, 스트레스를 받는 것보다 특수학교에 다니면서 비슷한 아이들끼리 행복하게 학교생활을 하는 것이 절대로 옳다!"

재우 어머니는 다른 주장을 합니다.

"초등학교 6년을 일반 학교에서 통합교육을 받았는데, 조금 어려움이 있다고 해서 다시 특수학교로 가는 것은 퇴보하는 것이니까 절대로 안 된다!"

부모님의 논쟁은 점점 더 심각해졌습니다. 마침내 재우 어머니가 남편에게 최후통첩을 내렸습니다.

"재우를 특수학교에 보내려면 나와 이혼하고, 당신이 전부 알아서 해요!"

그런데 두 분의 마음을 자세히 보면 주변 사람들의 생각이 중요했던 것 같습니다. 재우 어머니는 이렇게 걱정합니다.

"재우가 특수학교에 가면 사람들이 뭐라고 할 것 같아요. 이제 장애라는 생각을 조금 지운 것 같은데."

"다른 사람들의 눈이 뭐가 중요해? 우리 재우가 행복하면 되지!"

재우 아버지는 퉁명스럽게 말합니다. 이 부부의 심각한 문제는 무엇일까요?

은나는 자폐 성향의 아이입니다. 정서장애학교에 다니고 있습니다. 은나의 부모님은 성향이 너무 달라서 가족관계에 어려움에 있었습니다. 은나 어머니는 매우 부지런합니다. 아이의 자폐 성향 때문에 어머니 본인이 그 누구보다 완벽해야 한다고 생각했습니다. 은나가 옷에 음식을 떨어뜨리기라도 하면 어느새 옷을 갈아입히고, 더러워진 옷을 세탁기에 넣었습니다.

"제가 이렇게 빨리 움직이지 않으면 우리 집안은 아마 발 디딜
공간이 없을 거에요."

한편 은나 아버지는 한결 느긋합니다.

"제가 왜 가만히 있냐고요? 제가 느린 것이 아니라 아내가 저보
다 훨씬 빠른 겁니다. 제가 하려고 하기 전에 은나 엄마가 벌써
그 일을 해치워요."

은나 어머니는 남편이 너무 느리다고 불평합니다.

"사람이 완벽해야 하는데, 은나 아빠는 너무… 그래서 제가 너
무 힘들어요."

은나 아버지도 은근히 불평합니다.

"조금 천천히 여유를 가지고 하면 돼요. 제가 도울 수 있는데 저
에게 부탁하고는 벌써 은나 엄마가 하고 있으니."

두 분은 늘 이러한 문제로 고통을 겪고 있었습니다. 그런데 최근
은나네 집에 새로운 분위기가 조성되기 시작했습니다. 어머니가 병원

에 입원하게 된 것이 계기가 되었습니다. 어머니는 병원에 입원해 있는 동안 집안이 걱정되었습니다.

"제가 병원에 있으니 집안 꼴이 뭐가 되겠어요? 몸도 아프지요. 집안 걱정도 되는데, 이러지도 못하고 저러지도 못하고."

하지만 퇴원하고 집에 왔을 때, 어머니는 깜짝 놀랐습니다. 엉망진창이 되었을 것이라고 예상되었던 집안이 너무도 깨끗하게 정리가 되어 있는 것입니다. 은나 아버지는 아내가 병원에 입원하는 동안에 병간호도 하면서 집안도 깨끗이 정리했습니다.

"제가 뒤로 넘어지는 줄 알았어요. 제 살도 꼬집어 봤다니까요."

"저도 저 자신에게 놀랐습니다. 제가 이렇게 집안을 잘 정리하다니! 그런데 더 놀라운 사실이 있습니다. 우리 은나가요. 학교에 갔다 오면 자기가 입은 옷, 가방, 소지품을 잘 정리하고 있는 겁니다. 그리고 아침에 아빠를 깨우기도 해요."

은나 어머니는 남편이 자신과 같아야 한다는 생각을 조금씩 포기하고 있습니다. 사실 아직 완전히 건강을 되찾은 것은 아니기에 전처럼 빨리 움직일 수 없거든요. 본인의 마음보다 늦지만, 그래도 집안을 잘 정리해주는 남편을 보면서 절로 웃음을 짓곤 합니다.

"내가 마음을 포기하고, 기다려야 했어요. 신기한 것은 은나도 매우 달라졌다는 점이에요. 제가 더 게을러져야 할 것 같아요."

"재권이 엄마를 만난 것이 제 인생에 있어서 최고의 불행이라고
믿었습니다."

재권이 아버지는 재권이를 낳고, 결혼 생활에 불만이 많았습니다.
아이가 뇌성마비를 갖게 된 것이 아내의 부주의와 무관심 때문이라고
생각했기 때문입니다. 사실 재권이가 고열이 심할 때, 아버지는 지방
출장 중이었습니다. 아버지가 할 수 있는 것은 재촉하는 것뿐이었습니
다.

"빨리 병원에 가봐요. 빨리!"

그런데 출장이 끝나고 집에 돌아와 보니 재권이는 중환자실에 누
워있었고, 아내는 실신 상태였습니다. 그렇게 아이가 뇌성마비라는
판정을 받았습니다.

"저는 지금까지 최선을 다해서 살아왔습니다. 한순간도 최선을
다하지 않은 적이 없었습니다. 그런데 아내를 선택한 것은 최선
이 아닌 것 같습니다."

그러던 재권이 아버지에게 변화가 생겼습니다. 아내가 최선을 다
해서 재권이를 치료하고, 재활을 위해서 수고할 뿐 아니라 역할을 잘
감당하는 모습을 보면서 그 생각을 바꾸었습니다. 사실 그보다 더 중
요한 이유는 재권이가 보여주는 변화였습니다. 물리치료 중에도 재권
이의 의지는 매우 강했습니다. 가끔 고통 때문에 잠을 자지 못하지만,
그러면서도 재권이는 아버지를 너무 좋아했습니다.

아버지는 재권이의 재활을 도우면서 아들과 아주 친해졌습니다.

"재권이의 성장 과정을 보면서 제 생각이 너무 잘못된 것이었다는 사실을 알았습니다. 뇌성마비가 된 것이 아내의 잘못이 아니라 일 중독에 가까울 정도로 일에 빠진 나의 책임도 있었다는 것입니다. 아니, 나와 아내의 잘못이라기보다는 재권이와 더 깊은 사랑을 하라는 의미임을 이제 안 것이지요."

아버지가 변화하면서 재권이 어머니의 얼굴에도 미소가 생겼습니다. 아이의 재활속도도 더 빨라진 것 같다고 합니다.

"남편 삶의 철학이 많이 바뀌었습니다. 사실 최선을 다한다고 했지만, 제가 보기는 강박관념이 너무 심했습니다. 그래서 직장에서나 가정에서 자신처럼 하지 않으면 정죄하는 습관이 있었습니다. 그런데 지금은 바뀌었습니다."

빨리빨리, 그리고 완전하기를 바랐던 재권이 아버지는 이제는 이렇게 말합니다.

"재권아, 너무 열심히 안 해도 돼. 천천히 해. 뒤에 아빠가 있잖아. 천천히."

최근에는 휠체어에 재권이를 태우고 한강 고수 부지를 다니는 즐거움도 발견했습니다.

"전에는 한강 변에 있는 코스모스나 강아지풀이 보이지도 않았고, 사람들이 낚시하면서 놀고 있는 모습을 보면 나태하다고 생각했거든요. 그런데 이젠 저도 여유를 누리고 싶어요. 한강이 알고 보면 센강이나 라인강보다 더 아름다워요. 자 보세요."

있는 모습 그대로 완전한 당신

'완벽하고, 옳다고 생각하는 자세'가 바람직할 수도 있지만, 융통성이나 배려가 없으면 행복보다는 불행에 더 가까워질 수도 있습니다. 장애가 가르쳐주는 삶의 가치가 있습니다. 그것은 다리에 힘이 없고, 시력이 약하고, 소리를 잘 못 듣고, IQ가 낮은 것은 결함이 아니라는 것입니다. 사람은 완벽하고 완전한 모습으로 이 땅에 존재하는 것이 아니라, 모든 사람 각자 '있는 그대로의 모습이 완전함'이라는 것을 알게 되는 것입니다. 장애인을 '부족한 존재'로 보는 것이 아니라 '가치 있는 존재'로서 바라보는 것이죠. '절대로, 마땅히'라는 신념 속에서 다른 사람을 불완전한 존재로 규정하기보다는 서로 도와가는 것이 완전한 사회를 만들어가는 것임을 알게 되는 것입니다. 장애 자녀가 있는 가족, 장애인 부모와 살아가는 가족은 행복할 자격이 있는 가치 있는 존재입니다. 이것이 가정을 행복하게 하는 합리적 신념입니다.

체크아웃

*내 방식과 다를 때, 이렇게 한 번 말해보세요.

　"그럴 수도 있지!"

# #
모두를 살리는 사랑의 표현

최근 지하철이나 길거리에서 보면 젊은 연인들이 다른 사람의 시선은 아랑곳하지 않은 채 애정 표현을 적극적으로 하는 경우를 봅니다. 이런 표현에 익숙하지 않은 기성세대는 불쾌한 표정을 짓고, 미래 사회를 걱정합니다. 그러나 역으로 생각하면 사랑을 하면서도 표현을 제대로 하지 못하는 세대가 가지는 부정적인 자세가 아닌가 생각합니다.

맥스웰Maxwell Malts는 1960년에 펴낸 『성공의 법칙』에서 사랑은 적극적으로 표현할 때 생명력이 있다고 하였습니다. 장애 아동 가정에서 인색하기 쉬운 것이 바로 사랑의 표현입니다. 장애의 치료에 몰입하다 보면, 부모님들이 지쳐서 쉬는 것만 요청할 수 있습니다. 장애 아동을 사랑하기에 치료나 교육에 매진한다고 생각할 수도 있지만, 이보다 더 중요한 것이 사랑을 표현하는 것입니다. 때로는 칭찬이나 격려를 하는 것 이상으로 사랑을 표현하는 것이 중요합니다. 행복한 가정의 가장 큰 가치는 사랑을 적극적으로 표현하는 것입니다.

소영이는 세 살 때부터 하반신 마비 장애를 겪게 되었습니다. 그래서 목발을 짚고 학교에 갑니다. 이때마다 아버지는 소영이의 발이 되어줍니다. 그렇지만 아버지는 표정도 말도 무뚝뚝합니다. 그래서 가족들은 서운합니다.

아버지와 만나 이야기하면서 물어보았습니다.

"왜 사랑한다는 표현을 잘 하지 않으시나요?"

"저는 소영이를 사랑합니다. 아마 제가 죽을 때까지 소영이를 사랑할 것입니다. 사랑하지만, 행동으로 하면 되지 꼭 말로 해야 하나요?"

두 분이 함께한 자리에서 이 이야기를 했더니, 소영이 어머니는 사뭇 놀라는 표정으로 남편 얼굴을 쳐다보았습니다.

"저는 소영이 아빠가 옆집 아이 자원봉사 하듯 하는 줄 알았습니다. 소영이를 사랑한다고 하던가요?"

이런 에피소드도 있습니다. 하루는 어머니가 소영이를 기르는 이야기를 라디오 방송국에 편지를 써서 당첨되었습니다. 그때 방송국 MC가 소원을 물어보았습니다.

"저는 소영이 아빠에게 사랑한다는 고백을 들어보는 것입니다. 결혼하고 아직 들어본 적이 없었거든요!"

그런데 전화로 연결된 아버지는 왜인지 이유는 모르지만, 끝내 사랑한다는 말을 하지 않았습니다. 그저 남편으로, 아버지로서 역할을 열심히 할 뿐이었습니다.

하지만 소영이는 답답합니다.

"아빠는 저를 사랑하는 것 같은데… 아빠와 속을 터놓고 이야기

해 본 적이 없어요."

소영이는 아빠가 운전하는 차를 타고 가면서 앞만 바라봅니다. 옆에서 운전하는 아빠의 얼굴을 쳐다보는 일이 익숙지 않습니다. 아빠도 앞만 보고 운전합니다. 가끔 안전벨트를 잘 착용했는지, 앉은 자세가 불편하지 않은지 정도만 확인하기 위해서 소영이 얼굴을 볼 뿐입니다. 그리고 씩 웃고는 또 앞만 보고 운전합니다. 그런 아빠에게 소영이는 툭 던지듯 말합니다.

"아빠 얼굴 잊어버린 것 같아요."

사랑과 칭찬의 빛

시각장애 1급인 철이는 학교에서 친구가 많습니다. 철이는 종알종알 말도 많습니다. 집에서도 아버지와 많이 교제합니다.

"아빠, 제 한소네 컴퓨터 어디에 놓았죠? 찾았다! 아빠, 컴퓨터 여기에 있어요."

"우리 철이는 컴퓨터도 잘 찾는구나! 나는 책상 위에 있는 것도 모르고 책상 밑과 침대 위를 열심히 찾았잖아. 나보다 네가 더 잘 보는구나?"

철이 아버지는 유머도 9단입니다. 아버지는 가끔 철이가 시각장애

아라는 사실을 기억하지 못할 때도 있다고 합니다.

"철이가 앞을 보지 못하잖아요. 빛을 모르잖아요. 그런데 저보다 더 잘 봅니다. 우리 철이는 우리보다 기억력이 좋아요. 거꾸로 철이가 우리에게 정치 경제에 대한 뉴스도 전해준다고요."

하루아침에 아버지와 철이의 관계가 이렇게 좋아진 것은 아닙니다.

"철이가 사고로 시각장애를 갖게 되었는데, 그때 철이보다 제가 더 앞이 캄캄했습니다. 얼마나 힘들었는지 모릅니다. 그러나 2~3년이 지나서 현실을 인정하기로 했습니다. 시각장애라는 것에 매몰되지 않고, 그냥 내 아들 철이로 대하기로 했습니다."

어머니는 철이가 점자를 배우는 과정에 참여하면서 같이 점자를 배웠습니다. 철이가 읽고 싶은 책을 점자로 혹은 녹음으로 번역해서 제공합니다.

"이젠 제가 할 일이 점점 더 적어지는 것 같아요. 철이가 저보다 인터넷을 더 잘해서요."

부모님은 끊임없이 철이를 칭찬합니다.

"잘한다. 잘했어"

"너는 어떻게 나보다 잘하냐? 철이는 꼭 아빠 닮은 것 같아!"

철이는 집에서 늘 인정해 주고 격려해주는 부모님 덕분에 자신감이 많이 생겼습니다. 그래서 학교에서 친구가 많습니다.

"저는 가끔 친구들과 집에 와서 같이 놀아요. 친구들에게 점자를 가르쳐주기도 해요."

철이는 숙제도 가르쳐주고, 함께 놀아주는 친구가 있어 너무 좋습니다.

"우리 아빠 엄마가 저를 늘 사랑한다고 말해주셔서 고마워요."

철이에게는 시각장애인이 착용하는 검은 안경과 같은 검은 그늘을 찾아볼 수 없습니다. 아니, 더 밝은 표정이 가득합니다.

하루 한 번 꼭 해야 할 숙제

자폐 2급인 지수는 어머니의 재활 노력 덕분에 어느 정도 의사소통이 가능합니다. 지수의 언어치료와 인지 치료에 많은 시간을 보내던 어느 날, 어머니는 지수에게조차 "사랑한다, 잘한다"라는 말을 해본 기억이 없다는 사실을 깨달았습니다. 지수 언니인 지민이에게도 마찬가지였습니다. 가끔 지민이가 "엄마, 밥 줘. 내 옷 찾아줘!"라고 할 때마다 어머니는 귀찮아하는 표정을 짓거나 "내가 몸이 둘이니? 셋이니?"라고 하면서 옷을 찾아준 적이 한두 번이 아니었습니다.

어느 날이었습니다. 지수 치료를 다니고 집에 들어와 보니 꽃다발이 하나 가지런히 놓여있었습니다.

"김영숙 씨, 나와 결혼해 주어서 고맙고, 지민이 지수 잘 키워줘서 고마워! 사랑해!"

짧은 편지와 함께 꽃다발이 싱크대 위에 놓여 있었습니다. 남편이 결혼기념일을 맞이해서 선물을 한 것입니다. "김영숙 씨!"라는 글귀를 보고 나서 잠시 시간이 정지된 느낌을 받았습니다.

"제 이름이 김영숙이었군요. 이제 제 이름을 찾았어요. 남편이
제 이름을 찾아주었습니다."

치료실과 학교에서도, 집에서도 "지수 엄마! 지민이 엄마!"라는 말
만 들었던 지난 10년이었습니다. 지수 아버지는 꽃다발을 보고 서 있
는 아내에게 다가와서 조용히 말했습니다.

"김영숙 씨, 이제부터 당신에게 '사랑해. 고마워'라고 하루에
한 번 이상 말하기로 했어요. 지난주부터 아버지 교실에 다니기
시작했잖아요. 그런데 아버지 교실에서 준 숙제가 있어요. 아내
의 이름을 부르면서 사랑한다고 말하는 것이 숙제예요. 이제 숙
제 잘할게요."

지수 어머니는 남편의 이야기를 들으면서 크게 웃었습니다. 그리
고 꼭 껴안았습니다.

"나도 숙제할게요. 사랑해요."

부부가 포옹하는 순간 눈이 마주쳤습니다. 지민이와 지수가 엄마
얼굴을 빤히 보고 있었던 것입니다.

"엄마 아빠 사랑하는 거야!"

지수는 언니 지민이 손을 잡고 그저 좋아했습니다. 아버지는 그런
지수 손을 꼭 잡았습니다. 어머니는 지민이 손을 꼭 잡았습니다.

"우리 모두 오늘부터 '사랑해. 고마워' 한 번씩 하기로 하자. 지
수야 지민아, 사랑해 고마워!"

모두 웃었습니다. 오랜만에 지수네 집에서 웃음소리가 들렸습니다. 아마 지금도 웃음소리는 멈추지 않을 것입니다.

아름다운 언어

명진이 아버지는 조용하고 말이 없던 아내와 결혼을 했습니다. 1년 뒤 명진이가 태어났지만, 얼마 후 고열로 뇌성마비 1급이 되었습니다. 그런데 엎친 데 덮친 격이라고, 최근에 아내가 지적 장애 3급이라는 사실을 알게 되었습니다. 그 사실을 모르고 결혼했습니다. 평상시 아내와 의사소통이 잘되지 않고 가정에서 하는 일들이 미숙한 모습을 보면서 이상했던 것들이 그제야 이해가 되었습니다.

명진이 아버지는 종종 술도 많이 마셨고, 결혼 자체를 후회하기도 했습니다. 앞으로 해야 할 일이 너무 많다고 생각했기 때문입니다. 그렇지만 아이를 보면서 더는 술에 젖어 살면 안 된다고 마음을 다잡았습니다. 아내를 미워하고, 구박하던 자신의 모습을 바꾸기로 했습니다. 사실 이렇게 되기까지 명진이네가 사는 지역사회 복지관의 사회복지사가 노력을 많이 했습니다. 길고 긴 상담 끝에 명진이 아버지가 결단했습니다.

"결국, 제가 감당해야 할 일입니다. 사실 명진이 어머니는 착하고 잘못이 없습니다. 단지 제가 할 일이 한없이 너무 많다고 생각했기 때문에 불만과 불평이 많았던 것 같습니다."

명진이 아버지는 복지관에서 시행하는 부모 교실을 다니기도 하고, 활동 보조인의 도움을 받기도 합니다. 그리고 아내를 더욱 잘 돕습니다. 이젠 명진이 어머니도 명진이가 다니는 특수학교 어머니들과 친분을 많이 갖기 시작했습니다. 다행히도 어머니를 잘 이해해 주는 특수학교 학부형들이 좋은 친구가 되어주었습니다.

이제는 두 분의 모습이 매우 달라졌습니다.

"고맙습니다. 감사합니다. 사랑합니다."

늘 아름다운 언어가 등장합니다. 명진이를 데리고 물리치료와 작업치료를 받기 위해서 재활병원에 갈 때도 마찬가지입니다.

"감–사–합니다, 고–맙–습니다."

명진이도 아버지, 어머니를 따라서 인사합니다.

"명진이 언어가 너무 좋아졌어!"

의사 선생님도 명진이를 칭찬합니다.

아버지는 다른 가정보다 더 힘들 수도 있지만, 반대로 더 행복할 수도 있다고 말씀하고 집으로 향했습니다.

오늘부터 사랑을 고백해 보세요.

장애는 행복을 위협하는 하나의 조건일 뿐입니다. 그렇습니다. 적극적으로 사랑을 표현하면 행복을 위협하던 조건은 오히려 행복을 높이는 것이 됩니다. 저 자신이 장애인이고, 제 집안도 대대로 장애인 가족입니다. 제가 아들일 때도 장애인 가족이었고, 제가 가장일 때도 우리 가족은 저 때문에 장애인 가족입니다. 그런데 우리 집안은 대대로 우리 주변 어느 가족보다 더 행복하다고 자신 있게 대답할 수 있습니다.

그 이유는 장애를 거리끼는 것이 아니라 '길게 사랑하는 것'이라고 생각하기 때문입니다. 맥스웰 박사는 "서로를 인정해 주고, 사랑의 증거로 작은 선물을 하고, 스킨십을 통해서 사랑을 더 적극적으로 표현하면 더 행복해진다"라고 했습니다. 장애인 가족, 특히 신체적 도움을 더 줄 수밖에 없는 불편한 아이를 양육하는 가정은 그 어느 가정보다 스킨십이 더 많을 수밖에 없습니다. 너무 바빠서 얼굴 보기도 힘든 가정보다 오히려 더 많이 얼굴을 볼 수 있고 더 많이 함께할 수 있어서 참으로 더 행복한 가정입니다. 서로에게 이렇게 말해보세요.

"당신은 내게 너무 특별해!"

체크아웃

*(부부 또는 가족이 함께)

A: 나는 B에게 '(구체적인 문장)'라는 사랑의 말을 듣고 싶어요.

B: A의 얼굴을 바라보며, 진심으로 그 말을 들려줍니다.

*순서를 돌아가면서 모두가 듣고 싶은 들을 수 있는 시간을 가져보세요.